WAS IST WAS

NATUR WISSEN SCHAFTEN easy!

DIE ZELLE

Baustein des Lebens

Dr. Manfred Baur

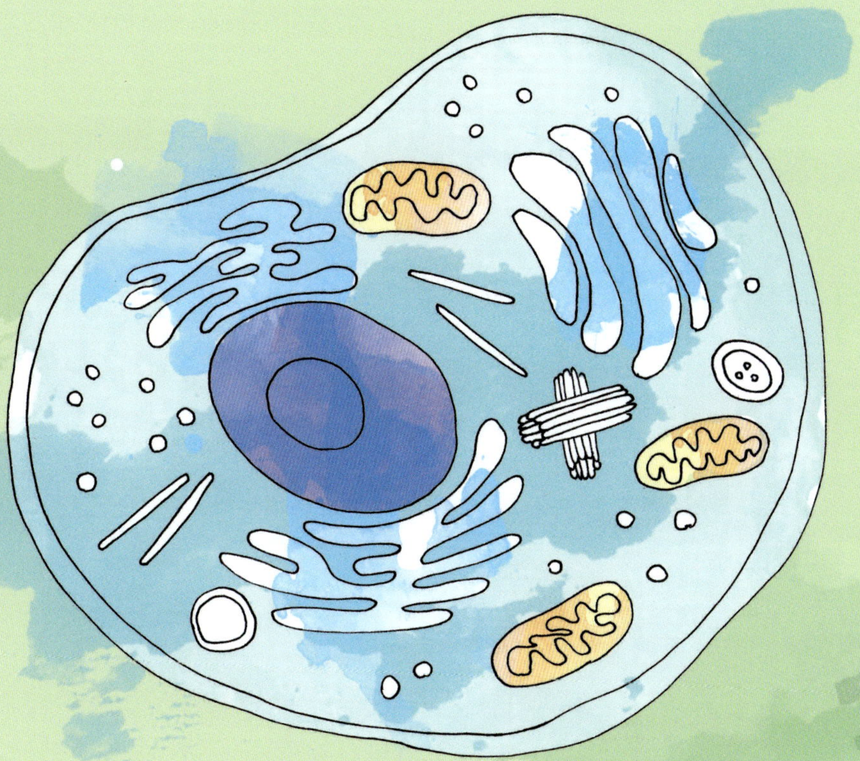

TESSLOFF

Was ist eine Zelle?

Drei Sorten Einzeller

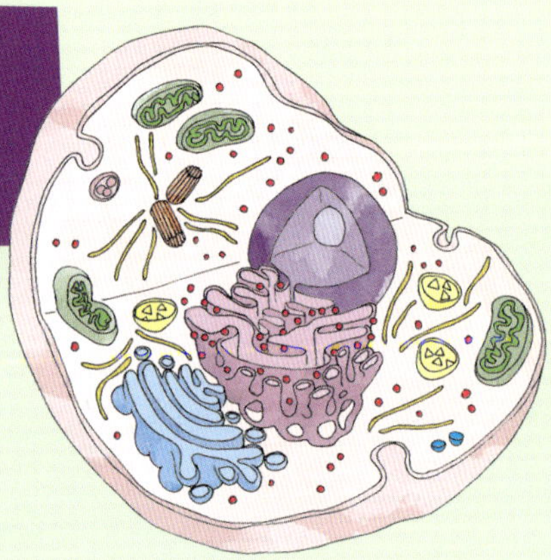

DNA – Molekül des Lebens

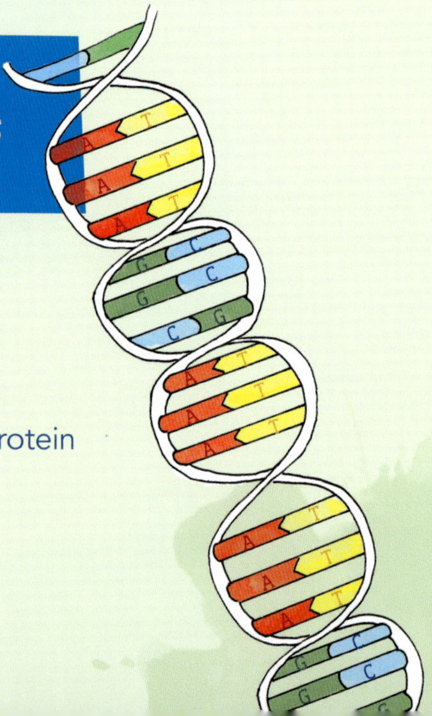

Evolution der Zelle

Zukunft der Zellforschung

Was ist eine Zelle?

Zellen sind unglaublich vielfältig und leistungsfähig. Jeder Mensch besteht aus unzähligen Zellen. Wenn wir laufen, essen oder nachdenken, sind Zellen am Arbeiten – auch wenn wir schlafen. Es gibt kein Leben ohne Zellen. Wir alle sind aus nur einer einzigen Zelle entstanden, nämlich aus einer befruchteten Eizelle. Und wie alle anderen Lebewesen auf diesem Planeten stammen wir von einer Zelle ab, die sich wohl vor knapp vier Milliarden Jahren aus unbelebten Teilchen gebildet hat.

Kleiner geht es nicht

Zellen sind die kleinsten Einheiten und Bausteine des Lebens. Aus ihnen bestehen nicht nur Bakterien und andere Einzeller, sondern auch die Mehrzeller, also Pilze, Pflanzen und Tiere. Die meisten Zellen sind so klein, dass man sie mit bloßem Auge nicht sehen kann. Milliarden von Zellen bilden unsere Haut – die Hülle, die uns von der Umgebung abgrenzt und vor schädlichen Einflüssen schützt. Oder nehmen wir das Gehirn mit seinen vielfältig verknüpften Neuronen, den Nervenzellen: Es lässt uns fühlen, lieben und Theorien ausdenken, mit denen wir uns die Welt erklären. Zellen transportieren Sauerstoff, Zellen bekämpfen Krankheitserreger und Zellen lassen uns sehen und riechen. So unterschiedlich die verschiedenen Zellen in unserem Körper und ihre Aufgaben auch sind, arbeiten sie doch nach den gleichen Prinzipien und sind ähnlich aufgebaut. Das zeigt der Blick durchs Mikroskop. Dabei ähneln unsere Zellen in vielen Dingen jenen von Pflanzen und sogar einzelligen Amöben. Aber es gibt auch Lebewesen mit einem ganz anderen Typ von Zellen.

Theodor Schwann
Der deutsche Mediziner Theodor Schwann erkannte Mitte des 19. Jahrhunderts die Zelle als Baustein des Lebens. Er war sehr gut im Mikroskopieren und beschrieb die Strukturen tierischer Zellen.

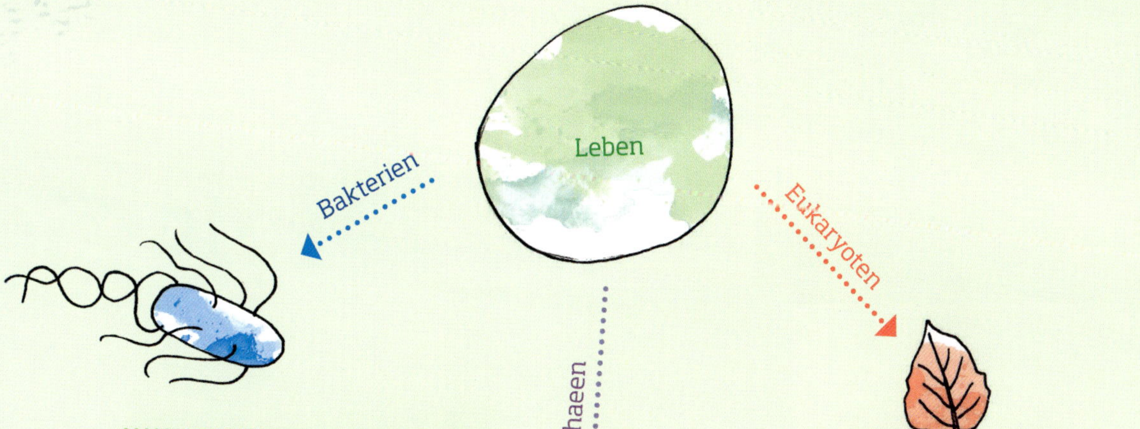

Drei Gruppen
Alle Lebewesen lassen sich in drei sogenannte Domänen einteilen, die aus unterschiedlichen Zelltypen bestehen.

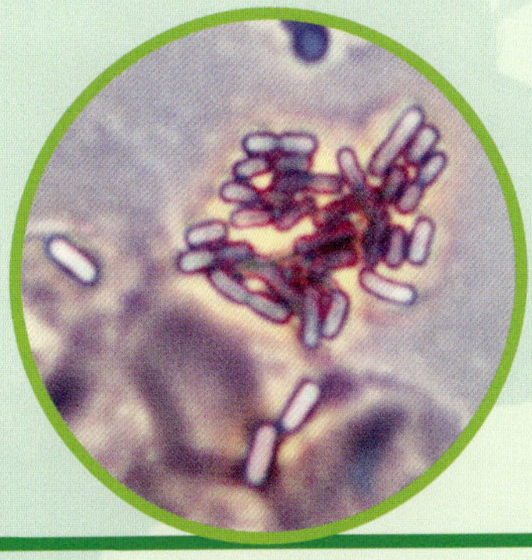

Schon gewusst?

So sehen die Bakterien der Art Escherichia coli, kurz E. coli, unter dem Lichtmikroskop aus. Doch mithilfe anderer Mikroskope erkennt man noch viel mehr von ihnen! Sie kommen in großer Anzahl im Darm von Säugetieren und auch bei uns Menschen vor.

Rekordverdächtig
Normalerweise sind Zellen winzig klein und nur unter dem Mikroskop zu erkennen. Doch manche Zellen sind ungewöhnlich lang. Kannst du dir vorstellen, wo wir solche Zellen bei Giraffen finden?

Was ist Biologie?

Biologie ist die Lehre vom Leben und befasst sich mit allem, was mit lebenden Organismen zu tun hat. Der Begriff »Biologie« kommt wie so vieles in den Naturwissenschaften von den alten Griechen. Bereits vor mehr als 2000 Jahren versuchten die Denker der Antike, das Leben zu verstehen. Unter anderem versuchten sie zu begreifen, warum der Mensch krank wird und wie man Kranke heilen kann.

Fachgebiete der Biologie

Seitdem hat sich die Biologie zu einer Naturwissenschaft entwickelt. Die frühen Naturforscher arbeiteten mit ersten und einfachen naturwissenschaftlichen Methoden. Man begann, Pflanzen und Tiere zu erfassen und zu systematisieren, indem man sie einzelnen Arten und Gattungen zuordnete. So entstanden im 18. und 19. Jahrhundert Botanik und Zoologie als Disziplinen der Biologie. Doch bald schon stellte man fest, dass die Zweiteilung aller Lebewesen in Pflanzen und Tiere der Vielfalt des Lebens nicht gerecht wird. Denn da gibt es vielzellige Tiere, Pflanzen und Pilze, aber auch kleinste Lebewesen wie Bakterien und andere Einzeller. Die Lebensformen und die Beziehungen der Lebewesen untereinander sind enorm vielfältig und so ist die Biologie heute in unterschiedliche Fachgebiete aufgeteilt. Da diese zum Teil miteinander zusammenhängen und sich überlagern, ist eine strenge Trennung nicht immer einfach und sinnvoll.

Botanik

Die Botanik oder Pflanzenkunde befasst sich mit dem Aufbau, der Funktion und der Vermehrung von Pflanzen. Botaniker interessieren sich auch für die Orte, an denen bestimmte Pflanzen wachsen, und für die dort herrschenden Lebensbedingungen.

Zoologie

Zoologen befassen sich mit der Tierwelt. Sie untersuchen Körperbau, Lebensweise, Ernährung und Fortpflanzung von Tieren. Gegenstand der Zoologie können winzige Fadenwürmer sein, aber auch Elefanten oder Blauwale.

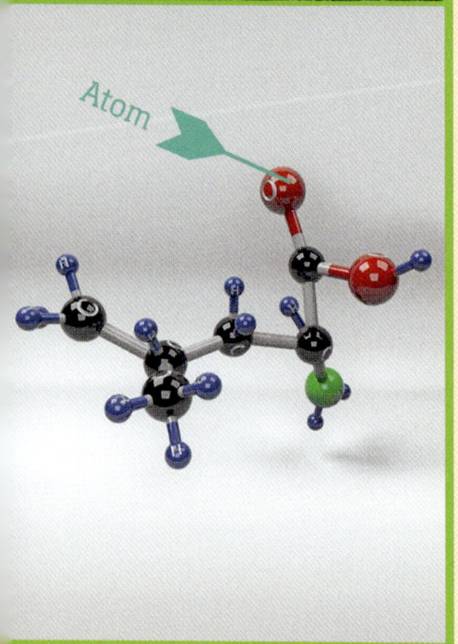

Molekularbiologie

Sie erforscht die Wechselwirkungen zwischen Molekülen und anderen kleinen Grundbausteinen des Lebens. Moleküle bestehen dabei aus noch winzigeren Bauteilen: den Atomen. Die Molekularbiologie ist die Schnittstelle zwischen Chemie und Biologie.

Verhaltensbiologie

Verhaltensbiologen, auch Ethologen genannt, untersuchen das Verhalten von Tieren. Das kann zum Beispiel das Jagdverhalten von Raubtieren, aber auch das Zusammenleben in Gruppen sein, wie bei Insektenstaaten oder Fischschwärmen.

Ökologie

Die Ökologie ist die Lehre von den Wechselbeziehungen zwischen Lebewesen untereinander und ihrer Umwelt. Es geht somit um alle Faktoren, die auf ein Lebewesen einwirken – also Klima, Bodenbeschaffenheit und andere Organismen.

Humanbiologie

Humanbiologen erforschen die Biologie des Menschen. Das umfasst etwa die Evolution des Menschen, die Vererbung oder die Entwicklung des menschlichen Embryos.

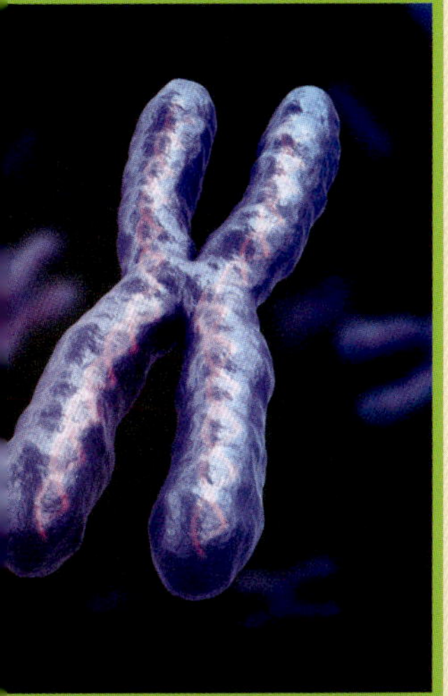

Genetik

Die Genetik oder Vererbungslehre beschäftigt sich mit der Weitergabe von vererbbaren Merkmalen an die nächste Generation. Genetiker untersuchen, wie das Erbgut aufgebaut ist, wie es vervielfältigt wird und welche Fehler dabei vorkommen können.

Mikrobiologie

Die Mikrobiologie beschäftigt sich mit den kleinsten Lebewesen: den Mikroorganismen. Dazu zählen Bakterien und Archaeen, Pilze, einzellige Pflanzen und Tiere. Auch Viren werden oft der Mikrobiologie zugeordnet.

Evolutionsbiologie

Wie ist das Leben entstanden und wie hat es sich weiterentwickelt? Was musste geschehen, damit die heute lebenden Organismen aus ihren Vorfahren hervorgehen konnten? Antworten auf diese und andere Fragen suchen Evolutionsbiologen.

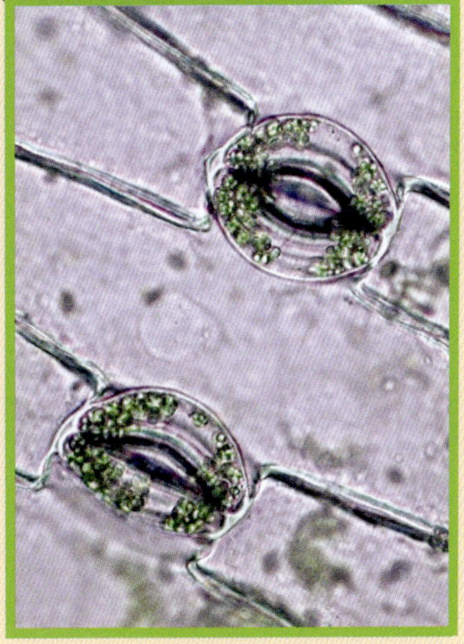

Zellbiologie

In der Zellbiologie, auch Zytologie genannt, dreht sich alles um die Vorgänge in der Zelle. Aus welchen Bestandteilen bestehen Zellen? Welche Prozesse spielen sich in ihnen ab? Wie kommunizieren sie mit anderen Zellen?

Entwicklungsbiologie

In der Entwicklungsbiologie geht es um die individuelle Entwicklung von Lebewesen, etwa von der befruchteten Eizelle über Kaulquappen zum ausgewachsenen Frosch.

Schon gewusst?

Viren hat man lange Zeit nicht zu den Lebewesen gezählt, denn sie können sich nicht selbstständig vermehren. Stattdessen zwingen sie eine lebende Wirtszelle, Virenkopien herzustellen. Heute weiß man, dass Vorläufer der Viren sehr wahrscheinlich an der Entstehung des Lebens beteiligt waren.

Was ist Leben?

Jeder glaubt, die Antwort auf diese Frage zu kennen. Doch ganz so einfach ist es dann doch nicht. Das Phänomen Leben ist so komplex, dass sich selbst Naturwissenschaftler nicht auf eine allgemeingültige Definition einigen konnten. Immerhin haben Biologen eine Liste von Merkmalen aufgestellt, die normalerweise für Leben typisch sind. Das sind Bewegung, Fortpflanzung, Reaktion auf Umweltreize, Wachstum und außerdem Stoffwechsel – also Atmung, Ernährung und Ausscheidung von Abfallprodukten. Ein ganz wichtiges Merkmal ist die Fähigkeit zur Darwin´schen Evolution. Darunter versteht man all jene Prozesse, die Lebewesen über Generationen an sich verändernde Umweltbedingungen anpassen lassen. Arten sterben aus und neue Arten entwickeln sich aus alten Arten. Leben verändert sich.
Einzellige Organismen wie Bakterien erfüllen diese Merkmale des Lebens ebenso wie Vielzeller, zu denen auch wir Menschen gehören. Die Zelle gilt damit als kleinste Einheit des Lebens. Bevor wir uns näher mit der Zelle befassen, müssen wir uns etwas Überblick über die Vielfalt des Lebens schaffen.

Die sechs Reiche

Die frühen Naturforscher teilten alles Leben in zwei Reiche ein, nämlich in Tiere und Pflanzen. Später wurde das Leben in fünf Reiche unterteilt: Pflanzen, Tiere, Pilze sowie Protisten und Prokaryoten. Pflanzen verfügen über die Fähigkeit, mithilfe des grünen Blattfarbstoffs Chlorophyll Sonnenlicht zu nutzen. Pilze hingegen fehlt diese Eigenschaft, auch wenn ihre Fruchtkörper wie Pflanzen aus dem Boden wachsen. Pilze sind keine Pflanzen! Protisten bestehen aus nur einer oder wenigen Zellen und zu ihnen gehören zum Beispiel

Carl R. Woese
1928–2012

Auf Carl R. Woese geht die Einteilung des Lebens in die drei Domänen Bakterien, Archaeen und Eukaryoten zurück.

Amöben, Pantoffeltierchen oder Algen. Zu den Prokaryoten zählen die Bakterien und die Archaeen. Da Archaeen rein äußerlich wie Bakterien aussehen, hat man sie lange Zeit auch zu den Bakterien gezählt. 1977 wurde erkannt, dass die Prokaryoten in zwei Reiche unterteilt werden können, in die Archaeen und in die Bakterien – also waren es bereits sechs Reiche. Inzwischen hat man eine neue Unterteilung der Lebewesen vorgenommen: in drei sogenannte Domänen.

Die drei Domänen

Heutige Untersuchungen erlauben es, die verwandtschaftlichen Verhältnisse zwischen Lebewesen genauer zu bestimmen. Der daraus abgeleitete Baum des Lebens zeigt, dass alles Leben auf unserem Planeten auf einen einzigen gemeinsamen Vorfahren zurückgeht. Aus ihm entwickelten sich drei Kategorien, die Domänen: Bakterien, Archaeen und Eukaryoten. Die ersten beiden kennen wir

Das mikroskopisch kleine Sonnentierchen ist ein Einzeller mit Zellkern. Auch Großer Panda und Bambus bestehen aus Zellen mit Zellkern. Alle drei gehören zu den Eukaryoten.

ja schon als Prokaryoten. Diese einzelligen Organismen verfügen über keinen Zellkern im Inneren ihrer Zellen. Das unterscheidet sie von den Eukaryoten, die über einen Zellkern verfügen. Er besteht im Wesentlichen aus dem Erbmolekül Desoxyribonukleinsäure, abgekürzt DNS oder DNA. Die DNA ist von einer Membran umschlossen und damit besonders geschützt. Zu den Eukaryoten zählen manche Einzeller wie Amöben oder Geißeltierchen, aber auch Mehrzeller wie Pilze, Pflanzen und Tiere. Somit gehört auch der Mensch zu den Eukaryoten.

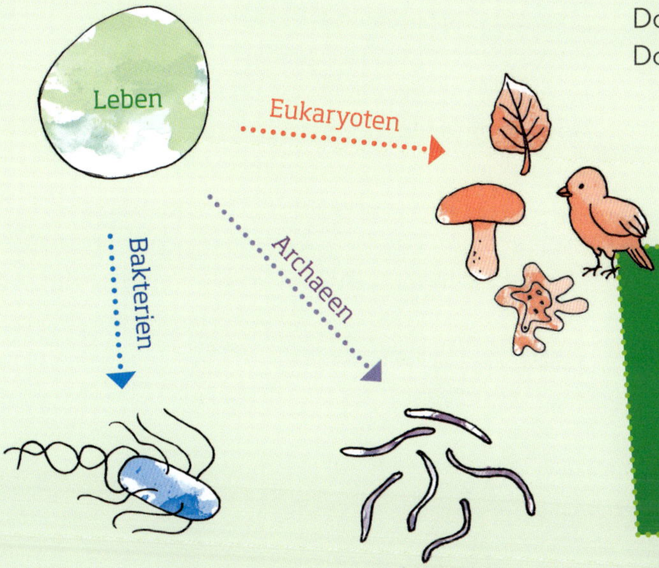

Sind Viren Lebewesen?

In den sechs Reichen und auch in den drei Domänen finden sich Viren meist nicht. Viren reagieren nicht auf Licht, sie atmen nicht, fressen nicht und scheiden nichts aus. Zudem können sie sich nicht eigenständig vermehren – dazu benötigen sie eine Wirtszelle. Lange Zeit haben viele Forscher Viren nicht den Lebewesen zugeordnet, doch das hat sich in den letzten Jahren geändert. Denn Viren sind ständige Begleiter der Evolution. Sehr wahrscheinlich begann mit virenartigen Gebilden auch vor rund vier Milliarden Jahren das Leben. Unter Biologen wird derzeit diskutiert, ob Viren möglicherweise die vierte Domäne im Stammbaum des Lebens sind. Doch eines sind Viren nicht: Zellen!

Der Reihe nach

Bakterien und Archaeen sind nicht nur die einfachsten Zellformen, sondern auch die ältesten Lebensformen des Planeten. Etwas später entwickelten sich daraus die komplexer gebauten und größeren Eukaryoten. Wie es dazu kam, werden wir später noch erfahren.

Die Zelltheorie

Eine der großen Theorien der Biologie ist die Zelltheorie. Mit ihr begann die moderne Biologie. Die Zelltheorie kann man mit drei Sätzen zusammenfassen.

1. Alle Organismen bestehen aus einer oder mehreren Zellen.
2. Die Zelle ist die grundlegende Einheit eines Organismus.
3. Alle Zellen gehen aus bereits existierenden Zellen hervor; Leben entsteht nicht einfach aus unbelebter Materie.

Antonie van Leeuwenhoek zeichnete die winzigen »Tierchen« die er in seinem Zahnbelag mit einem Mikroskop entdeckte. Das sind eindeutig Bakterienzellen.

Zugegeben, das klingt nicht gerade spannend. Doch bis die Biologie so weit war, mussten sich Forscher dazu viele Gedanken machen.

Das Kleine sehen

Die frühen Naturforscher sahen das große Ganze, nicht jedoch die kleinsten Bauteile der Lebewesen. Das Mikroskop war noch nicht erfunden und so konnten sie die winzig kleinen Zellen nicht sehen.
Doch das änderte sich ab 1595, als der holländische Brillenschleifer Zacharias Janssen zwei Glaslinsen in einer Röhre hintereinandersetzte und so das erste zusammengesetzte Mikroskop schuf. Und er blieb nicht der Einzige. Das Mikroskop war unter den Naturforschern jener Zeit ziemlich angesagt und jeder wollte eines haben.

Die Superlupe

Auch der holländische Tuchhändler Antonie van Leeuwenhoek baute im 17. Jahrhundert sein eigenes Mikroskop. Seine Superlupen bestanden aus nur einer einzigen Linse und vergrößerten bis zu 270-fach. Er betrachtete alles Mögliche damit, auch den Belag seiner Zähne. Dort entdeckte er winzige »Tierchen« und war vermutlich der erste Mensch, der Bakterien sah. Seine Beobachtungen teilte er der Royal Society in London mit, einer bedeutenden wissenschaftlichen Gesellschaft. Dieser gehörte auch Robert Hooke an, der ebenfalls mikroskopierte. Als Hooke hauchdünne Scheibchen Kork unter sein zweilinsiges Mikroskop legte, sah er kleine Kammern, die ihn an Zellen in einem Kloster erinnerten. Ihm verdanken wir also den Begriff »Zelle«. Doch er sah nur die Zellwände toter Pflanzenzellen und ihm entging die Bedeutung der Zelle für das Leben.

Hier siehst du ein aufgeschnittenes Stück Kork. Die Kammern erinnerten Robert Hooke an Mönchszellen.

Pflanzen- und Tierzellen

Erst 1838/39 entdeckten zwei deutsche Wissenschaftler etwas damals völlig Bahnbrechendes. Der Botaniker Matthias Schleiden erkannte unter dem Mikroskop, dass das pflanzliche Gewebe aus ähnlich aussehenden Gebilden besteht, den Zellen. In etwa zur gleichen Zeit kam der Zoologe Theodor Schwann zu dem Schluss, dass alle tierischen Organismen aus Zellen bestehen.
Nun war klar, dass Tiere und Pflanzen aus Zellen aufgebaut sind und somit die Zelle der Grundbaustein aller Lebewesen ist. Das war im Wesentlichen die Aussage der allgemeinen Zelltheorie nach Schleiden und Schwann. Doch woher diese Zellen kommen, darüber waren sich die beiden Forscher nicht einig.

Zellen immer nur aus Zellen

Klarheit brachte ein dritter Deutscher. Rudolf Virchow beobachtete erstmals Zellteilungen unter dem Mikroskop und erweiterte so in den 1850er-Jahren die allgemeine Zelltheorie um die entscheidende Aussage, dass Zellen immer aus anderen Zellen hervorgehen. Nach Virchow wurden weitere Entdeckungen gemacht – und so wurde aus der klassischen Zelltheorie die moderne Zelltheorie.

Moderne Zelltheorie

Die moderne Zelltheorie besagt, dass alle Organismen aus einer oder mehreren Zellen bestehen. Jede neue Zelle entsteht durch Zellteilung aus einer bereits vorhandenen Zelle. Alle Zellen haben einen gleichen Grundbauplan und folgen den gleichen biochemischen Vorgängen. Die Zelle ist der Grundbaustein für Aufbau und Funktion von Organismen. Die wesentlichen Stoffwechselvorgänge eines Lebewesens finden innerhalb der Zellen statt. Bei der Zellteilung wird die Erbinformation in Form von genetischem Material weitergegeben.
Tatsächlich sind bis heute Zellbiologen, Biochemiker und andere Spezialisten mit der Erforschung der Zellen beschäftigt – und noch längst sind nicht alle Rätsel gelöst!

Theodor Schwann
1810–1882

Schleiden vermutete, dass sich Zellen einfach so spontan bilden. Schwann hingegen war der Ansicht, Zellen könnten nur aus anderen Zellen hervorgehen.

Matthias Schleiden
1804–1881

Schwann hatte recht: Zellen gehen aus anderen Zellen hervor!

Rudolf Virchow
1821–1902

Schärfer sehen mit neuen Mikroskopen

Im 19. Jahrhundert wurden dann die Lichtmikroskope erheblich verbessert. Aus den Mikroskopen mit nur zwei Linsen wurden moderne Forschungsgeräte, die aus mehreren Linsen bestanden und so fehlerfreie hochvergrößernde Abbildungen ermöglichten. Doch die Lichtmikroskope konnten nicht unbegrenzt hoch vergrößern. Ihre Auflösung – das ist die Fähigkeit, zwei eng beieinanderliegende Details noch getrennt zeigen zu können – hatte eine natürliche Grenze, die durch das sichtbare Licht gesetzt war. Sichtbares Sonnenlicht lässt sich mit einem Prisma in seine Bestandteile, die Regenbogenfarben, aufspalten. Jede dieser Farben kann man als elektromagnetische Wellen unterschiedlicher Wellenlängen beschreiben. Und die Wellenlänge des Lichts begrenzt die Auflösung. Um feinere Strukturen einer Zelle untersuchen zu können, braucht es somit eine neue Sorte Licht mit deutlich kürzerer Wellenlänge. Woher bekommt man solches Licht?

Mit Elektronen sehen?

Mit Beginn des 20. Jahrhunderts erforschte man den Bau der Atome. Man fand heraus, dass Atome aus einem positiv geladenen Atomkern und negativ geladenen Elektronen in der Atomhülle bestehen. Es gelang sogar, die Elektronen aus den Atomen herauszulösen und in elektrischen Feldern zu beschleunigen. Da zeigte sich, dass diese Elektronen Welleneigenschaften hatten, ähnlich wie sichtbares Licht. Und je schneller Elektronen sind, umso kleiner wird ihre Wellenlänge. Mehr noch: Die Elektronen waren sehr viel kurzwelliger als sichtbares Licht. Mit beschleunigten Elektronen sollte es also möglich sein, eine neue Art von hochauflösenden Mikroskopen zu bauen.

Transmissionselektronenmikroskop

Eine Hürde musste aber noch überwunden werden: Man musste vermeiden, dass die Elektronen mit den Molekülen der Luft zusammenstoßen. Also packte man alles in eine Röhre und pumpte die Luft heraus. Im Vakuum wurden die Elektronen beschleunigt und mit magnetischen Linsen anstatt Glaslinsen gebündelt und zum Beispiel durch hauchdünne Proben von Zellgewebe geschickt. So erhielt man ein hochvergrößertes Bild von Zellen und deren Bestandteilen. Da diese Art

Elektronen – kleine Helfer
In den 1930er-Jahren wurden in Deutschland die ersten Elektronenmikroskope gebaut und bis zum Ende des Jahrzehnts konnten kleinere Zellbestandteile abgebildet werden. Heute können wir sogar kleinste Details einer Zelle erkennen.

des Elektronenmikroskops die Probe durchstrahlt, spricht man auch von einem Transmissionselektronenmikroskop, kurz TEM. Damit die Elektronen nicht vom Probenmaterial gestoppt werden, muss die zu durchstrahlende Probe allerdings hauchdünn sein.

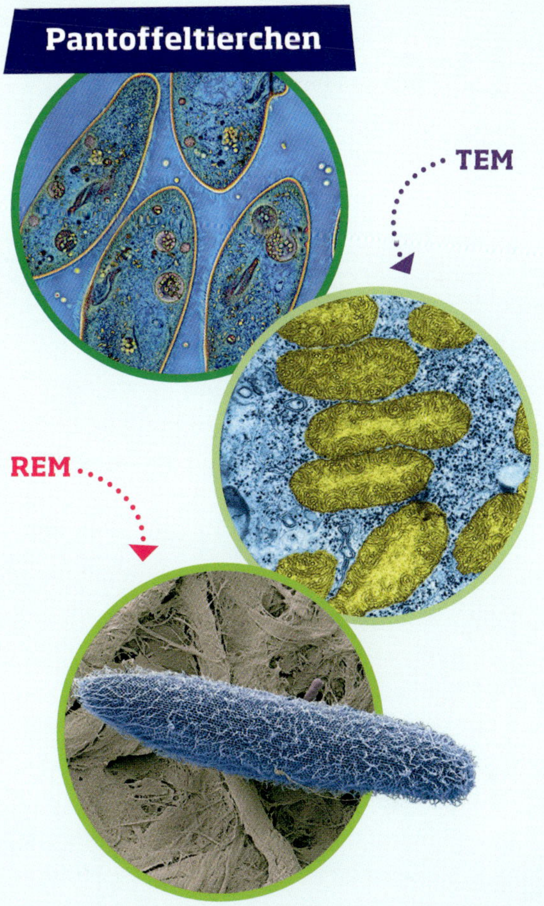

Rasterelektronenmikroskop

Dickere Proben lassen sich mit einer anderen Sorte Elektronenmikroskop untersuchen: dem Rasterelektronenmikroskop, kurz REM. Beim REM wird ein feiner Elektronenstrahl Zeile für Zeile über die feste Oberfläche geschickt und jeweils die dazugehörigen zurückgeworfenen Elektronen registriert. So erhält man dreidimensional wirkende Schwarz-Weiß-Bilder, die man jedoch nachträglich einfärben kann. Allerdings sind das nur Abbildungen der Zelloberfläche. Anders als das TEM erlaubt das REM keinen Blick in die Zelle hinein.

Kryoelektronentomografie

Du kennst sicher die Computertomografie: eine Methode, um mit Röntgenstrahlung in den menschlichen Körper hineinzusehen und dreidimensionale Bilder von Knochen und Organen anzufertigen. Die sogenannte Kryoelektronentomografie funktioniert so ähnlich, nur dass hier sehr kleine Objekte mit Elektronen durchstrahlt werden. Dazu wird das zu beobachtende Objekt zunächst blitzschnell auf beispielsweise minus 150 Grad Celsius abgekühlt. Alle Zellbestandteile verharren so an ihrem Platz und überstehen auch das Vakuum, ohne darin zu zerplatzen. Nun wird die Probe mit dem Elektronenstrahl unter verschiedenen Einstrahlwinkeln durchstrahlt. Ein Computer errechnet aus den erhaltenen zweidimensionalen Einzelbildern ein dreidimensionales Bild. So lassen sich sogar winzigste Zellstrukturen wie die Zellmembran abbilden.

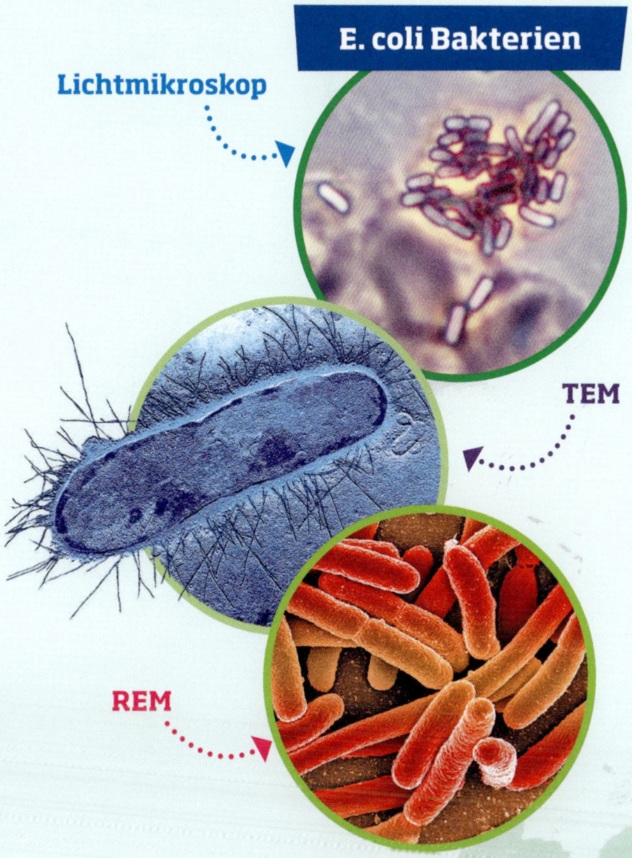

Die Moleküle der Zelle

Bevor wir uns die Zellen näher ansehen, verschaffen wir uns einen Überblick über die wichtigsten Moleküle in der Zelle. Du wirst sehen, dass in Zellen sehr viel Gewusel herrscht. Eine Zelle arbeitet 24 Stunden am Tag – auch während du schläfst.

Wasser – H_2O

In einem Labor werden viele chemische Reaktionen in flüssigem Lösungsmittel durchgeführt. Oft handelt es sich dabei um Wasser, einem kleinen Molekül aus drei Atomen. Da die ersten Zellen vermutlich in den Ozeanen, vielleicht auch in heißen Quellen an Land entstanden sind, verwundert es nicht, dass auch die Zelle Wasser als Lösungsmittel nutzt. Und aus diesem Grund bestehen wir Menschen zu 60 bis 70 Gewichtsprozent aus Wasser. Das meiste davon befindet sich in den Zellen.

Weitere Moleküle ...

Die Moleküle der Zelle bestehen hauptsächlich aus sechs Atomsorten: aus Kohlenstoff, Wasserstoff, Sauerstoff, Stickstoff, Phosphor und Schwefel. Ein Kohlenstoffatom kann sowohl kleine wie auch riesengroße Moleküle bilden. Die wichtigsten dieser auf Kohlenstoff aufgebauten Moleküle sind Zucker, Aminosäuren, Fettsäuren und Nukleotide.

... und ihre Aufgaben

Zuckermoleküle sind Energielieferanten, bilden aber auch tragfähige Strukturen. So können einfache Zuckermoleküle zu Zellulose zusammengefügt werden. Zellulose gibt pflanzlichen Zellwänden Stabilität. Aminosäuren sind Bausteine größerer Protein- oder Eiweißmoleküle. Proteine bilden eine wichtige Gruppe von Molekülen, die als sogenannte Katalysatoren die chemischen Reaktionen in einer Zelle steuern, Nahrung verdauen helfen oder in Muskelzellen für Bewegung sorgen. Die Fettsäuren sind Teil der Zellmembranen, die die Zelle umschließen, Nukleotide Bausteine, aus denen sich Moleküle wie RNA und DNA zusammensetzen. DNA, kurz für Desoxyribonukleinsäure, ist das Erbmolekül, in dem alle Informationen eines Organismus abgespeichert sind. Verschiedene Formen der Ribonukleinsäure, kurz RNA, übernehmen wichtige Aufgaben bei der Produktion von Proteinen. Damit die Zelle nicht auseinanderfällt, ist sie von einer Hülle umgeben, die zum einen aus Proteinen und zum anderen aus Lipiden besteht. Lipide sind Moleküle mit einer besonderen Eigenschaft: Ein Teil des Moleküls liebt das Wasser, während der andere Teil Wasser hasst und es abstößt.

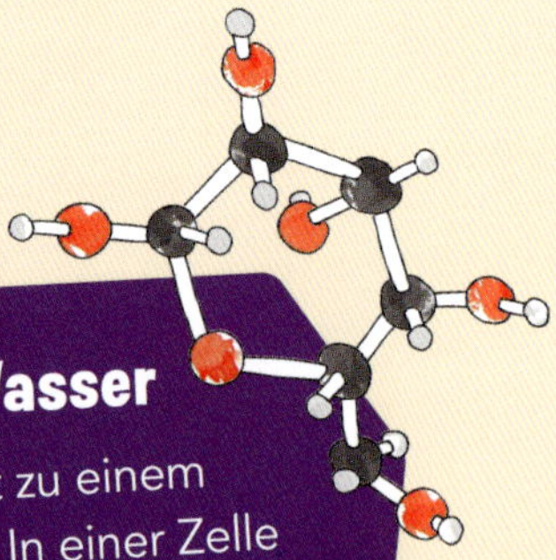

Überall Wasser

Alles Leben besteht zu einem Großteil aus Wasser. In einer Zelle kommt auf 99 Wassermoleküle nur ein einziges anderes Molekül!

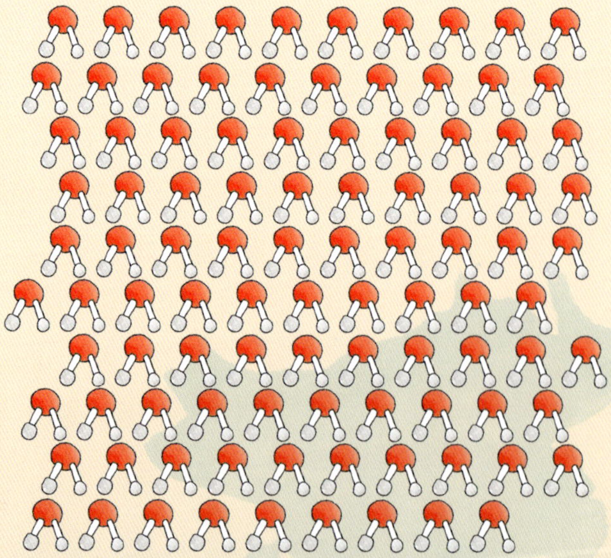

Proteine

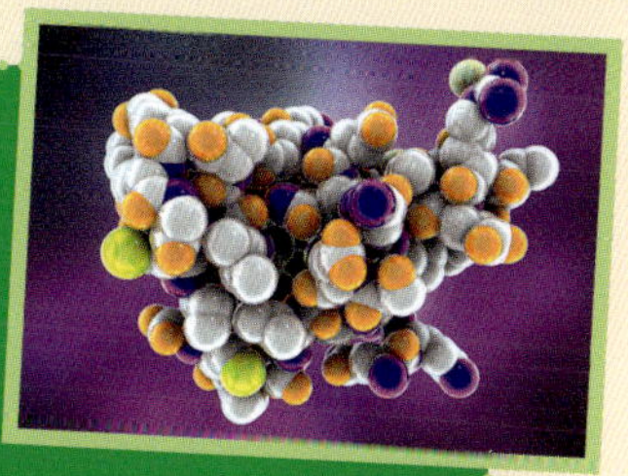

Alle Proteine sind aus nur 20 natürlichen Aminosäuren in Form von Aminosäureketten aufgebaut. Stelle dir einfach einen Baukasten vor, in dem sich 20 verschieden geformte Bausteine befinden. Diese lassen sich beliebig aneinanderreihen. So eine Reihe kann einige Hundert Aminosäuren lang werden! Noch während die Kette wächst, beginnt sie, sich zusammenzufalten. Je nach Reihenfolge der Aminosäuren entstehen unterschiedlich geformte Proteine mit unterschiedlichen chemischen Eigenschaften. Sie haben in der Zelle verschiedene Aufgaben.

DNA

Die Desoxyribonukleinsäure enthält den Bauplan der Zelle. Meistens verwendet man die englische Abkürzung DNA. Sie sieht wie eine verdrehte Strickleiter aus. Die Seitenteile bestehen aus Zucker- und Phosphatgruppen. Die Leitersprossen werden von vier sogenannten Basen gebildet.

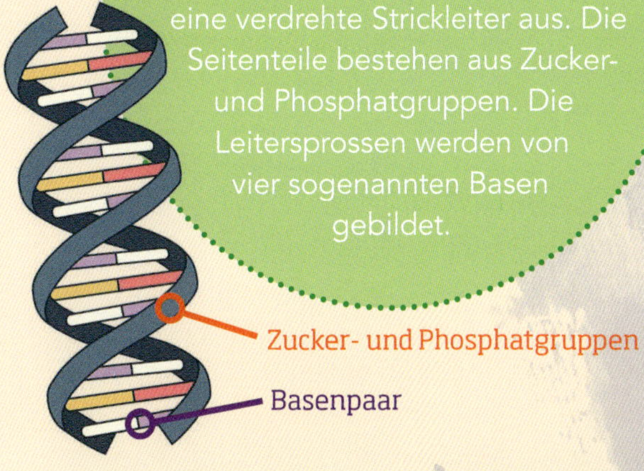

Lipide

Lipide Moleküle bestehen aus einem langen fettliebenden Teil und einem wasserliebenden Kopf. Gibt man Lipide, also Fette, in Wasser, so wenden sich die wasserliebenden Köpfe den Wassermolekülen zu. Die fettliebenden Schwänze hingegen wenden sich vom Wasser ab. Lipide bilden Zellmembranen und die Membranen von Bestandteilen der Zelle.

RNA

Ribonukleinsäuren, kurz RNS oder RNA, sind wichtig für die Produktion von Proteinen. Die RNA ist ähnlich zusammengesetzt wie die DNA, besteht jedoch nur aus einem Einzelstrang.

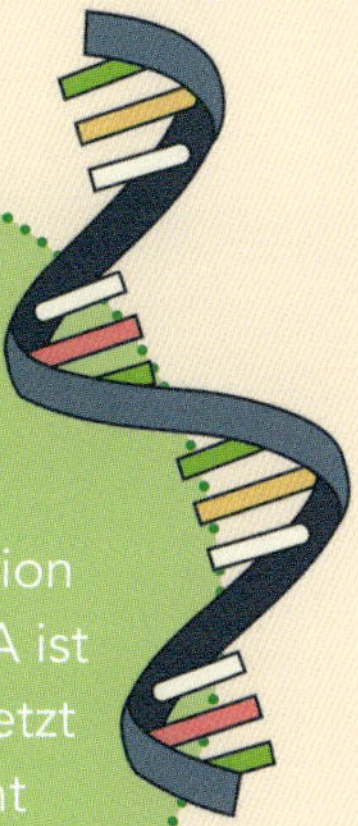

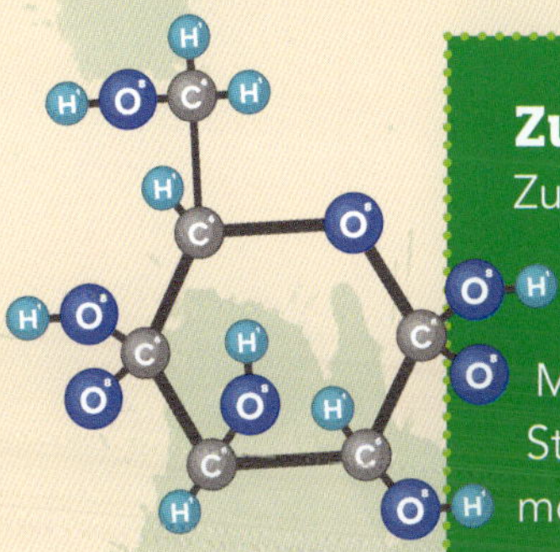

Zucker und andere Kohlenhydrate

Zucker bestehen aus Kohlenstoff, Sauerstoff und Wasserstoff. Diese verschieden geformten Zuckermoleküle können sich zu längeren Molekülen zusammenschließen. So bestehen Stärke und Zellulose aus solchen Zuckermolekülen. Ketten von Zuckermolekülen können auch an Proteinmolekülen angeheftet sein.

Warum Zellen so klein sind

Wie groß eine Zelle ist, hängt davon ab, über welchen Typ Zelle wir sprechen. Bakterien sind besonders kleine Zellen. Dir ist es vielleicht nicht bewusst, aber du trägst Unmengen Bakterien auf Haut, Zähnen, Zunge und im Darm mit dir herum. Die Anzahl der Bakterien übersteigt sogar die deiner Körperzellen! Ein durchschnittlicher Erwachsener von 70 Kilogramm Gewicht besteht aus etwa 30 Billionen Körperzellen. Hinzu kommen 39 Billionen Bakterien. Die meisten deiner Körperzellen messen 10 bis 100 Mikrometer. Ein Mikrometer ist ein millionstel Meter oder ein tausendstel Millimeter. Die menschliche Eizelle ist mit einem zehntel Millimeter außergewöhnlich groß; man könnte sie mit bloßem Auge erkennen.

Körperzellen und Bakterien

Zu den kleinsten Körperzellen des Menschen zählen einige Blutzellen, zum Beispiel die roten Blutkörperchen. Sie sind weniger als zehn Mikrometer groß. Noch kleiner sind die Bakterien E. coli, eine sehr häufige Bakterienart in unserem Verdauungssystem. Sie messen zwischen einem halben und zwei Mikrometer. Keine Bange, es sind meist gute Bakterien. Kleiner als Bakterien sind Viren – sie messen typischerweise zwischen 10 und 400 Nanometer. Aber Viren sind keine Zellen! Die meisten bestehen aus Erbgut, das mit einer Kapsel und manchmal noch mit einer weiteren Hülle umgeben ist.

Oberfläche und Volumen

Warum nur sind Vielzeller aus so kleinen Zellen zusammengesetzt und nicht aus einigen wenigen Riesenzellen? Die meisten Zellen sind so klein, weil es von Vorteil ist, klein zu sein. Kleine Zellen haben wenig Volumen verglichen mit der Oberfläche und Nahrung kann schnell in die Zelle hinein- und Abfallstoffe aus ihr hinausgelangen – ohne dass aufwendige Transportvorrichtungen nötig sind. Je größer die Zelle, umso größer das Volumen und umso länger und schwieriger der Transport.

Transport

Haben die Nährstoffe die Zellmembran überwunden, sind sie noch lange nicht am Ziel. Sie müssen nun an die Orte gelangen, wo sie benötigt werden. Moleküle tun dies durch Diffusion. Darunter versteht man die Ausbreitung eines Stoffes in einem Lösungsmittel durch zufällige Bewegungen. Die Wassermoleküle sowie die darin gelösten Moleküle sind ständig in Bewegung und stoßen gegeneinander – so wechseln sie ständig die Richtung. Bei diesem zufälligen Zickzackkurs legen Moleküle mit der Zeit kürzere Strecken zurück. Diffusion ist ein wichtiger

Diffusion

Der Farbstoff verteilt sich anfangs über Strömungen und Dichteunterschiede und letztlich über Diffusion, bis er schließlich gleichmäßig verteilt ist. Farbstoffmoleküle und Wassermoleküle stoßen ständig miteinander zusammen und wechseln so zufällig ihre Bewegungsrichtung.

Transportmechanismus und sehr effektiv bei kleineren Zellen, wie es Bakterien sind. Bei größeren Zellen gibt es noch weitere Transportmechanismen, die du bald schon kennenlernen wirst.

Dickes Ei

Du fragst dich sicher, warum Hühnereier – die ja im Grunde Eizellen sind – so groß werden können. Genau genommen ist nicht das ganze Ei eine Eizelle, sondern nur ein kleines Pünktchen: die flache Keimscheibe. Eidotter und Eiweiß, die den Hauptteil des Volumens ausmachen, sind lediglich Nahrungsvorräte für den heranwachsenden Hühnerembryo.

Lange Leitung

Doch es gibt wirklich sehr lange Zellen! Nämlich die Nervenzellen, die in deiner Wirbelsäule bis zum großen Zeh verlaufen. Wenn du dich anstößt, dann melden diese Nervenzellen den Reiz an dein Gehirn. Die längsten Nervenzellen von bis zu fünf Metern Länge haben ganz eindeutig Giraffen mit ihren langen Hälsen und Beinen. Diese Zellen sind zwar lang, aber sehr dünn. So haben auch die längsten Nervenzellen immer noch eine hohe spezifische Oberfläche. So können dringend benötigte Stoffe rasch in ausreichender Menge in die Zelle gelangen und Abfallprodukte aus der Zelle geschafft werden.

Ganz schön lang
Rekordverdächtige Leitung: Giraffen haben meterlange Nervenzellen, die vom Gehirn über den Hals bis in die Beine führen.

Die spezifische Oberfläche
All diese Würfel haben ein Volumen von 8 000 mm^3. Doch je kleiner sie unterteilt sind, umso größer ist die Oberfläche. Der große Würfel (20 mm) hat 2 400 mm^2 Oberfläche. Die acht kleineren Würfel darunter (10 mm) haben zusammen 4 800 mm^2 und die 64 noch kleiner unterteilten Würfel (5 mm) 9 600 mm^2. Je kleiner ein Volumen unterteilt ist, umso größer ist die spezifische Oberfläche.

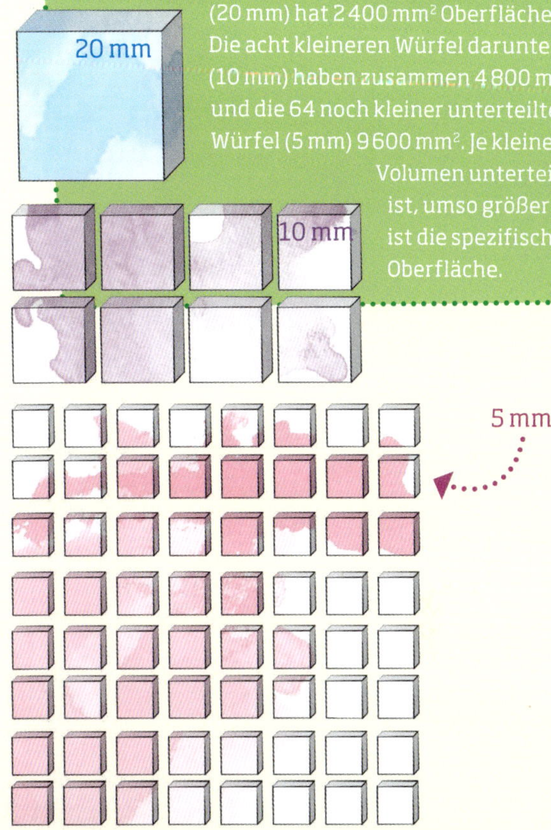

Meter, Millimeter, Mikrometer und Nanometer
Einen Menschen misst man in Metern oder Zentimetern. 1 Meter sind 100 Zentimeter. Organe misst man in Zentimetern, wobei 1 Zentimeter sich in 10 Millimeter unterteilt. 1 Millimeter kannst du weiter in 1 000 Mikrometer unterteilen. 1 Mikrometer ist ein millionstel Meter. Mikrometer ist die typische Größenordnung einer Zelle. 1 Mikrometer kannst du noch einmal in 1 000 Nanometer, also milliardstel Meter unterteilen. Wenn wir von Nanometern sprechen, dann bewegen wir uns in der Größenordnung von Molekülen.

Drei Sorten Einzeller

Alles Leben auf der Erde geht auf drei unterschiedliche Zelltypen zurück. Zwei davon zeichnen sich vor allem dadurch aus, dass sie etwas nicht haben – nämlich Zellkern und sogenannte Organellen. Ein dritter Zelltyp hat sowohl Zellkern als auch Organellen.

Einfache Bakterien

Jeder kennt Bakterien: Einzeller ohne Zellkern, die wir als oft nützliche Bewohner in und auf uns tragen. Bakterien sind denkbar einfach gebaut, führen ein einfaches Leben und sind weit verbreitet. Dass es Bakterien bereits seit fast vier Milliarden Jahren gibt, kann nur bedeuten, dass ihr einfacher Bau sich evolutionär bewährt hat. Gratulation!

Wie Bakterien, aber anders

Ähnlich alt und ähnlich einfach gebaut sind Archaeen. Auch sie haben keinen Zellkern. Lange hielt man sie fälschlicherweise für Bakterien. Aber ihr chemischer Aufbau verrät, dass sie nur entfernt mit Bakterien verwandt sind. Du wirst überrascht sein, wo sie sich überall tummeln.

Die mit dem Zellkern

Neben den zellkernlosen und eher sparsam eingerichteten Bakterien und Archaeen gibt es Zellen mit Zellkern und weiteren Zellstrukturen. Diese eukaryotischen Zellen sind geradezu verschwenderisch eingerichtet. Du solltest dich mit dem Bau dieses Zelltyps vertraut machen, denn dein Körper besteht zu hundert Prozent aus diesem Zelltyp. Aber auch alle anderen Vielzeller bestehen aus eukaryotischen Zellen, zum Beispiel Sonnenblumen, Bärtierchen, Nacktschnecken und früher auch Dinosaurier.

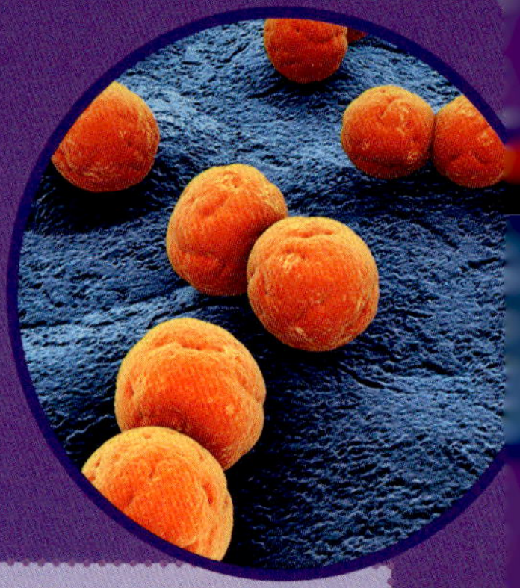

Kompakt und klein
Bakterien sind klein und kommen nur mit dem Allernötigsten aus. Ihr Innenleben ist entsprechend übersichtlich. Es gibt sie in unterschiedlichen Formen, auch in Kugelform.

Späte Entdeckung
Sehen aus wie Bakterien, sind aber keine. Archaeen sind ähnlich einfach wie Bakterien gebaut. Und dennoch sind sie völlig anders. Aber das hat man erst verhältnismäßig spät herausgefuden.

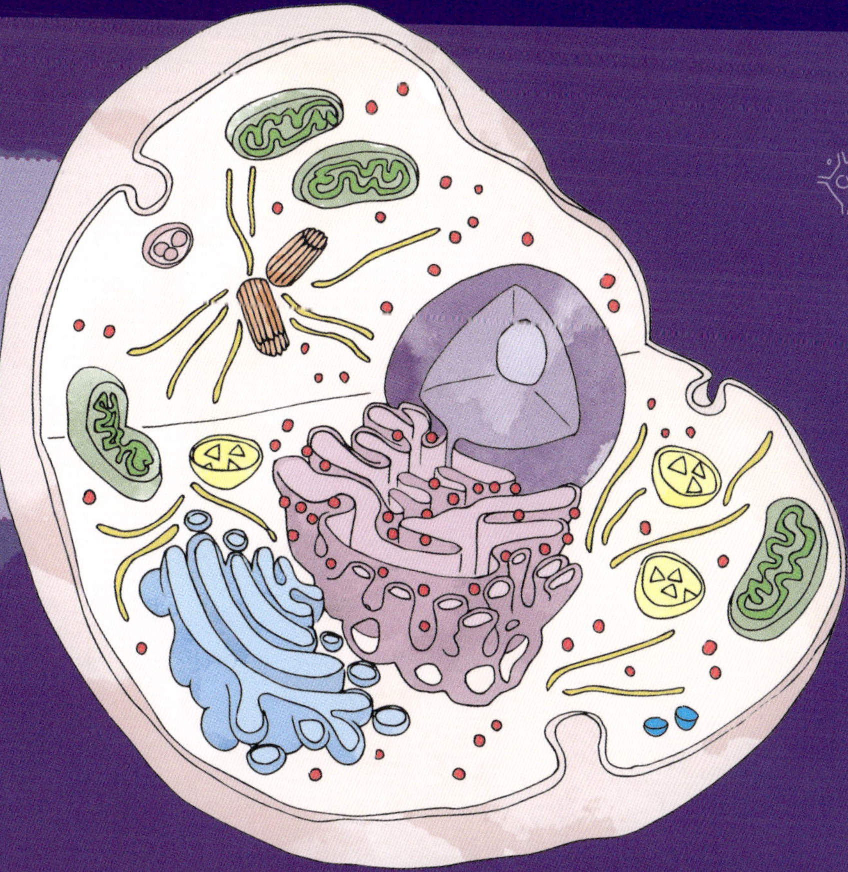

Gut eingerichtet
Eukaryotische Zellen haben jede Menge Inneneinrichtung. Doch wofür ist das alles gut? Hier schon mal so viel: Die große Kugel ist der Zellkern und die grünen Bohnen sind Kraftwerke.

Manche lieben es heiß!
Diese Quelle in den USA beeindruckt durch bunte Farben – und die stammen von Bakterien und Archaeen, die sich in dem über 70 Grad Celsius heißen Wasser wohlfühlen. Eukaryotische Mikroorganismen können hier nicht überleben.

Einfach gebaut – Bakterien und Co

Bakterien und Archaeen sind Einzeller, die keinen Zellkern besitzen. Man spricht auch von prokaryotischen Zellen. Diese sind die am einfachsten gebauten Zellen. Ihre einfache einzellige Struktur macht Bakterien und Archaeen enorm anpassungsfähig. Und so finden wir Prokaryoten im Wasser und an Land und sogar auf und in anderen Organismen – und das bereits seit fast vier Milliarden Jahren!

Einfach genial – genial einfach

Sehen wir uns den Bau eines typischen Prokaryoten, eines Bakteriums, an. Die prokaryotische Zelle enthält alles, was für Energieversorgung, Wachstum und Fortpflanzung notwendig ist. Eine robuste Zellwand hält das Innenleben der Zelle zusammen und schützt sie vor schädlichen Einflüssen der Umgebung. Dicht darunter sitzt eine hauchdünne Zellmembran. Ihre Aufgabe besteht darin, nur

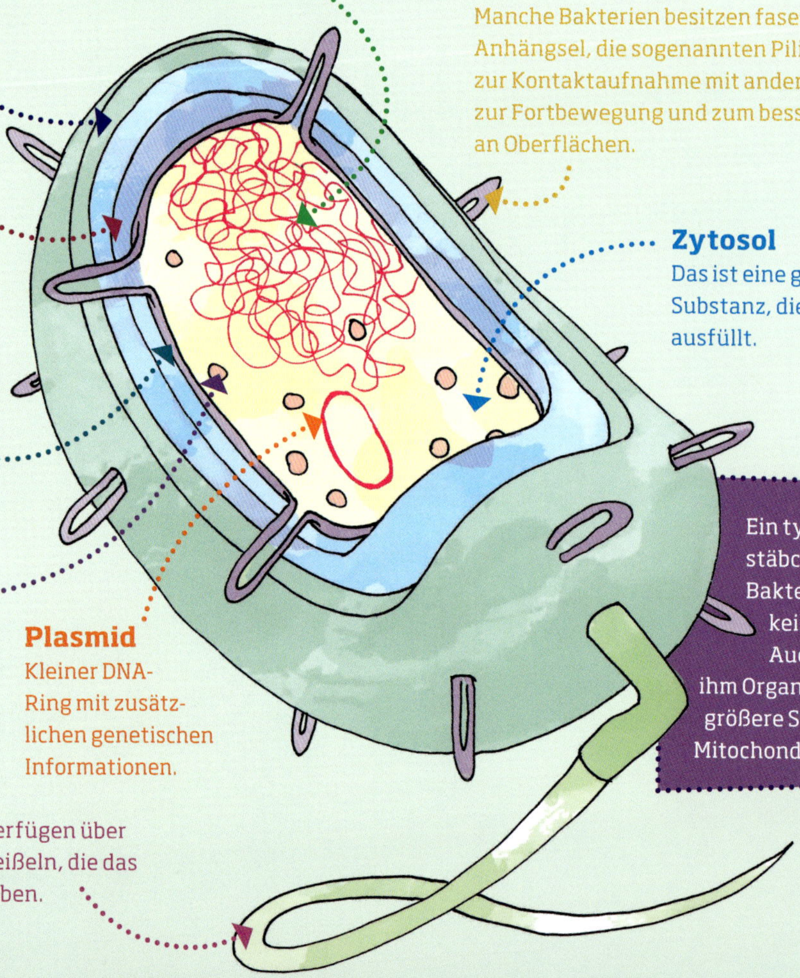

Ein typisches stäbchenförmiges Bakterium. Es hat keinen Zellkern. Auch fehlen ihm Organellen, also größere Strukturen wie Mitochondrien.

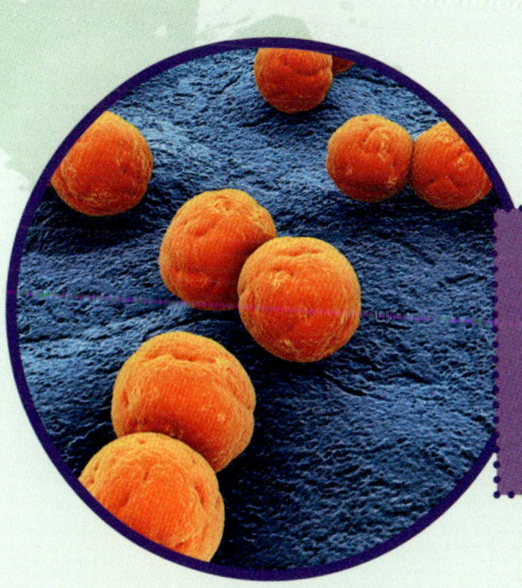

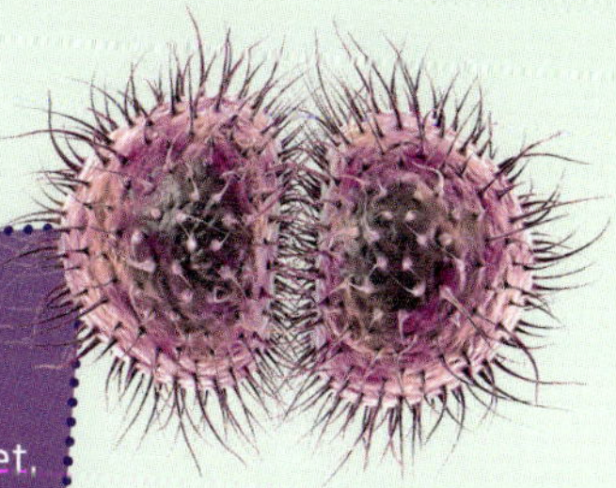

Da Bakterien sehr anpassungsfähig sind, haben sich mit der Zeit viele verschiedene Bakterienformen gebildet. Hier siehst du zwei verschiedene Arten von kugeligen Kokkenbakterien.

Zwei Bakterien können über einen Verbindungsschlauch Kontakt miteinander aufnehmen und Plasmide austauschen. So gelangen Informationen schnell von einem Bakterium zum anderen, darunter solche, wie sie sich gegen Antibiotika wehren können.

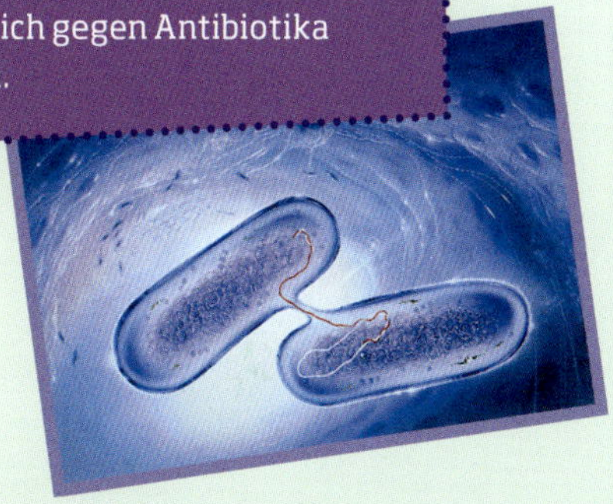

ganz bestimmte Stoffe in die Zelle hineinzulassen und andere Stoffe nach draußen zu befördern. Die Zellmembran ist also eine sehr intelligente Verpackung. Die Membran umgibt das Zytosol, eine zähflüssige, gelartige Substanz, die alle Moleküle enthält, um den Stoffwechsel der Zelle aufrechtzuerhalten. Mit Stoffwechsel ist die Gesamtheit aller chemischen Reaktionen gemeint, die dazu dienen, Energie bereitzustellen, die Zelle wachsen und sich vermehren zu lassen. Wenn man ein elektronenmikroskopisches Bild einer Bakterienzelle genauer betrachtet, erkennt man winzige Pünktchen, die Ribosomen. An diesen Gebilden werden Proteine hergestellt, also Aminosäuren zu Ketten zusammengefügt. Die Information, welche der zwanzig natürlich vorkommenden Aminosäuren an welcher Position der Kette sitzt, stammt aus der DNA.

DNA ohne Hülle

Die DNA ist ein langes Molekül, in dem alle Infos für den Betrieb und den Aufbau der Zelle in Form von Genen gespeichert sind. In der prokaryotischen Zelle liegt die DNA vergleichsweise ungeordnet im Zytosol vor. Es gibt keine Hülle um die DNA und somit auch keinen Zellkern.

Neben diesem großen DNA-Knäuel findet man noch kleinere DNA-Ringe. Diese sogenannten Plasmide enthalten zusätzliche Informationen.

Härchen und Geißeln

Einige Bakterienarten tragen als zusätzliche Ausstattung eine Art Schwanz, der Geißel oder Flagelle genannt wird. Er dient dem Bakterium als Antrieb und funktioniert ähnlich wie eine Schiffsschraube. Manchmal sieht man Bakterien, die mit feinen Härchen, den Pili (Einzahl: Pilus), besetzt sind. Mit diesen Pili heften sich Bakterien zum Beispiel an tierische Zellen, an andere Bakterien oder in fließenden Gewässern an Steine.

PRO heißt VOR!

Der Begriff »Prokaryot« kommt aus dem Griechischen und bedeutet »vor dem Kern«. Denn aus den einfacher gebauten prokaryotischen Zellen entwickelte sich vor langer Zeit der eukaryotische Zelltyp mit Zellkern.

Archaeen – voll extrem

Auf Carl R. Woese und George E. Fox geht die Einteilung des Lebens in die drei Domänen Bakterien, Archaeen und Eukaryoten zurück. Die beiden amerikanischen Forscher hatten 1977 entdeckt, dass Archaeen zwar Bakterien äußerlich ähneln, beide sich jedoch genetisch und chemisch sehr voneinander unterscheiden. Daher ordnete man sie zwei unterschiedlichen Domänen zu.

Archaeen sind überall

Archaeen sind winzige, einzellige Organismen, die im Lichtmikroskop auf den ersten Blick wie Bakterien aussehen. Wie Bakterien haben sie keinen Zellkern und auch sonst keine von Membranen umhüllten Zellorganellen – sie sind also Prokaryoten. Einst dachte man, dass Archaeen nur in extremen Umgebungen wie in heißen Quellen leben. Heute wissen wir, dass sie genau wie echte Bakterien fast überall vorkommen. So produzieren Archaeen im Darm von Rindern, aber auch Menschen Methangas. Das entweicht dann regelmäßig beim Pupsen. Diese Archaeen können sich sogar als sehr nützlich erweisen. Sie produzieren in Biogasanlagen Methan, das dann zum Beispiel zum Heizen oder zur Stromerzeugung verbrannt wird. Übrigens tummeln sich auch in deinem Bauchnabel und in deinem Mund Archaeen. Aber das braucht uns nicht zu beunruhigen, denn bislang sind beim Menschen keine Archaeen als Erreger von Infektionskrankheiten bekannt.

Archaeen helfen Rindern, Gras zu verdauen, und produzieren dabei Methangas.

»Rasende Feuerkugel«

Die Archaeenart Pyrococcus furiosus gedeiht in der Nähe heißer Quellen bei etwa 100 Grad Celsius. Der Gattungsname Pyrococcus heißt übersetzt »Feuerkugel«. Und der Artname furiosus, also »rasend«, deutet auf die hohe Teilungsgeschwindigkeit hin. Denn dieses Archaeon teilt sich alle 40 Minuten.

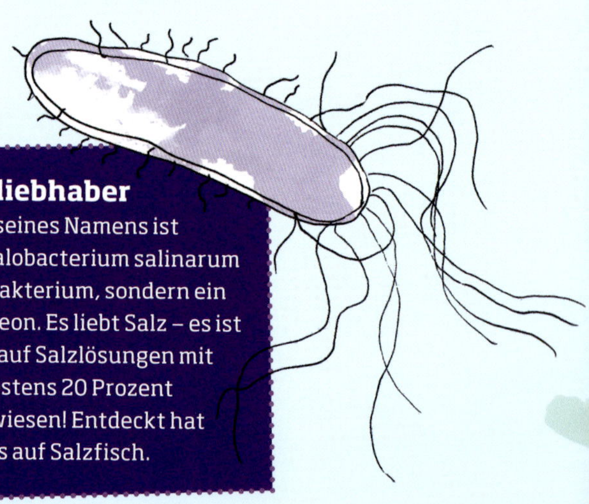

Salzliebhaber

Trotz seines Namens ist das Halobacterium salinarum kein Bakterium, sondern ein Archaeon. Es liebt Salz – es ist sogar auf Salzlösungen mit mindestens 20 Prozent angewiesen! Entdeckt hat man es auf Salzfisch.

Die ersten Archaeen wurden in extremen Umgebungen entdeckt: in vulkanischen Thermalquellen etwa im Yellowstone-Nationalpark. Darunter sind Archaeen, die sogar in heißer Schwefelsäure vulkanischer Quellen und Geysire überleben.

Für Schlauberger

Die korrekten lateinischen Bezeichnungen für die Domänen sind Bacteria, Archaea und Eukarya. Wir aber benutzen die eingedeutschten Namen Bakterien, Archaeen und Eukaryoten. Früher nannte man Archaeen auch Archebakterien. Damit sie aber nicht mit Bakterien verwechselt werden, verwendet man heute dieses Wort nicht mehr.

Rasende Archaeen

Einige Archaeenarten bewegen sich erstaunlich schnell vorwärts, nämlich mit bis zu 400 Körperlängen pro Sekunde. Ein Sportwagen käme bei 400 Wagenlängen pro Sekunde auf über 6000 Stundenkilometer!

Extreme Vorlieben

Viele Archaeen sind hart im Nehmen und haben sich an die extremsten Lebensbedingungen auf unserem Planeten angepasst. Man findet sie nahe heißer vulkanischer Quellen oder in Salzseen, wo sonst nichts anderes überleben kann. Weil sie das Extrem lieben, werden diese Archaeen auch als Extremophile bezeichnet. Hyperthermophile Archaeen, die sich bei besonders hohen Temperaturen sehr wohlfühlen, findet man häufig in vulkanischen Gebieten, etwa in den heißen Quellen des Yellowstone-Nationalparks der USA oder in unmittelbarer Nähe von Schwarzen Rauchern in der Tiefsee. Ähnliche extreme Umweltbedingungen müssen auch in der Frühzeit der Erdgeschichte geherrscht haben. Deshalb dürfen wir annehmen, dass sich Archaeen und auch Bakterien schon kurz nach dem ersten Leben auf der Erde gebildet haben. Und dass sie sich aus einem gemeinsamen, einfach gebauten einzelligen und kernlosen Vorfahren entwickelt haben.

Eukaryotische Zellen

Vielzellige Pflanzen, Pilze, Tiere und zahlreiche Einzeller bestehen aus eukaryotischen Zellen, die sehr viel komplexer gebaut sind als prokaryotische Bakterien oder Archaeen. Die Abmessungen der eukaryotischen Zelle sind rund zehnmal größer als die der prokaryotischen Zelle. In eine so große Zelle passen entsprechend mehr Bauteile als in eine kleine Bakterienzelle.

Gemeinsamer Bauplan

Dein Körper besteht aus Billionen von Zellen, die unterschiedlichen Zelltypen angehören. Eine Billion ist eine eins mit zwölf Nullen: 1 000 000 000 000. Da sind in unserem Körper zum Beispiel Muskelzellen, mit denen wir uns bewegen, und Knochenzellen, die uns Halt geben. Andere Zellen produzieren Verdauungsenzyme und Nervenzellen leiten Informationen weiter und verarbeiten diese. All diese Zellen mit ihren verschiedenen Funktionen sehen unter dem Mikroskop anders aus – und dennoch haben sie einen gemeinsamen Bauplan. Sehen wir uns am Beispiel der tierischen Zelle an, wie eine eukaryotische Zelle grundsätzlich aufgebaut ist.

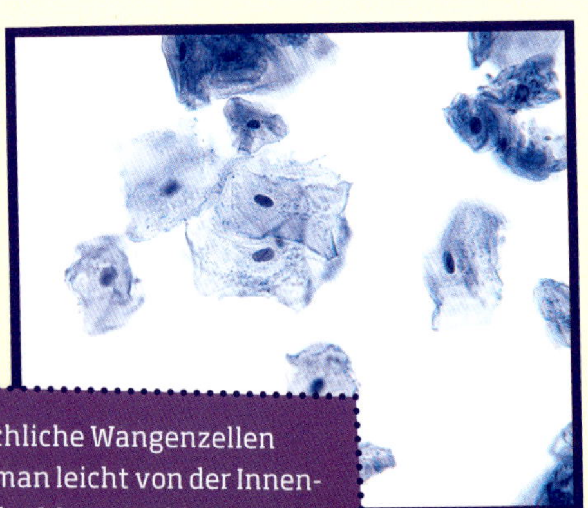

Menschliche Wangenzellen kann man leicht von der Innenseite der Wangen abkratzen. Durch Färben wird der Zellkern unter dem Mikroskop sichtbar.

Innerhalb der Zellmembran

Die Tierzelle ist von einer dünnen Zellmembran umgeben. Diese trennt den Zellinhalt von der Umgebung ab und lässt nur die Stoffe in die Zelle hinein, die zum Betrieb der Zelle notwendig sind, etwa Baumaterialien und Energieträger. Abfallprodukte, aber auch nützliche Stoffe wie Verdauungsenzyme gelangen über die Zellmembran nach draußen.
Das Zellinnere besteht zum großen Teil aus einer gelartigen Flüssigkeit, in der sich der Zellkern und die Organellen befinden: das Zytosol. Organelle bedeutet »kleines Organ«. Es gibt sie nur in eukaryotischen, nicht jedoch in prokaryotischen Zellen. Alles, was sich zwischen Zellkern und Zellmembran befindet – also das gelartige Zytosol, Organellen, Zytoskelett und sonstige Gebilde –, wird Zytoplasma genannt.

Zellkern und mehr

Während bei Bakterien und Archaeen das Erbgut frei im Zytosol der Zelle vorliegt, ist die Erbinformation in der eukaryotischen Zelle ordentlich in einem Zellkern abgelegt. Dieser wird vom Rest der Zelle durch eine Membran abgegrenzt. Der Zellkern ist das Archiv mit den gesamten Bauplänen und Betriebsanleitungen der Zelle. Diese Informationen sind dabei in DNA-Molekülen abgespeichert. Der Zellkern ist eine Organelle, aber nicht die einzige. Weitere Organellen, die ebenfalls von einer Membran umgeben sind, ergeben abgeschlossene Räume, in denen ganz bestimmte Dinge vor sich gehen.

1 Nukleolus
Er stellt Bauteile der Ribosomen her, das sind die Proteinfabriken.

2 Zellkern
Archiv und Schaltzentrale. Er enthält alle Baupläne für Proteine und wird durch eine Membran geschützt.

3 Raues Endoplasmatisches Retikulum (ER)
Hier sitzt ein Großteil der Ribosomen.

4 Glattes ER
Labyrinthartiges Membransystem, das Signale durch die Zelle leitet und Fette auf- und abbaut.

5 Golgi-Apparat
Hier werden Proteinmoleküle vervollständigt und verschickt.

6 Mitochondrium
Mitochondrien sind die Kraftwerke der Zelle und versorgen sie mit Energie.

7 Zentriol
Bei der Zellteilung bildet sich von hier aus der Spindelapparat, der die Chromosomen auf die Tochterzellen verteilt.

8 Lysosom
Es enthält Enzyme, die Biomoleküle in kleinere Bestandteile zerlegen.

9 Vesikel
Flüssige und feste Stoffe gelangen als Vesikel in die Zelle.

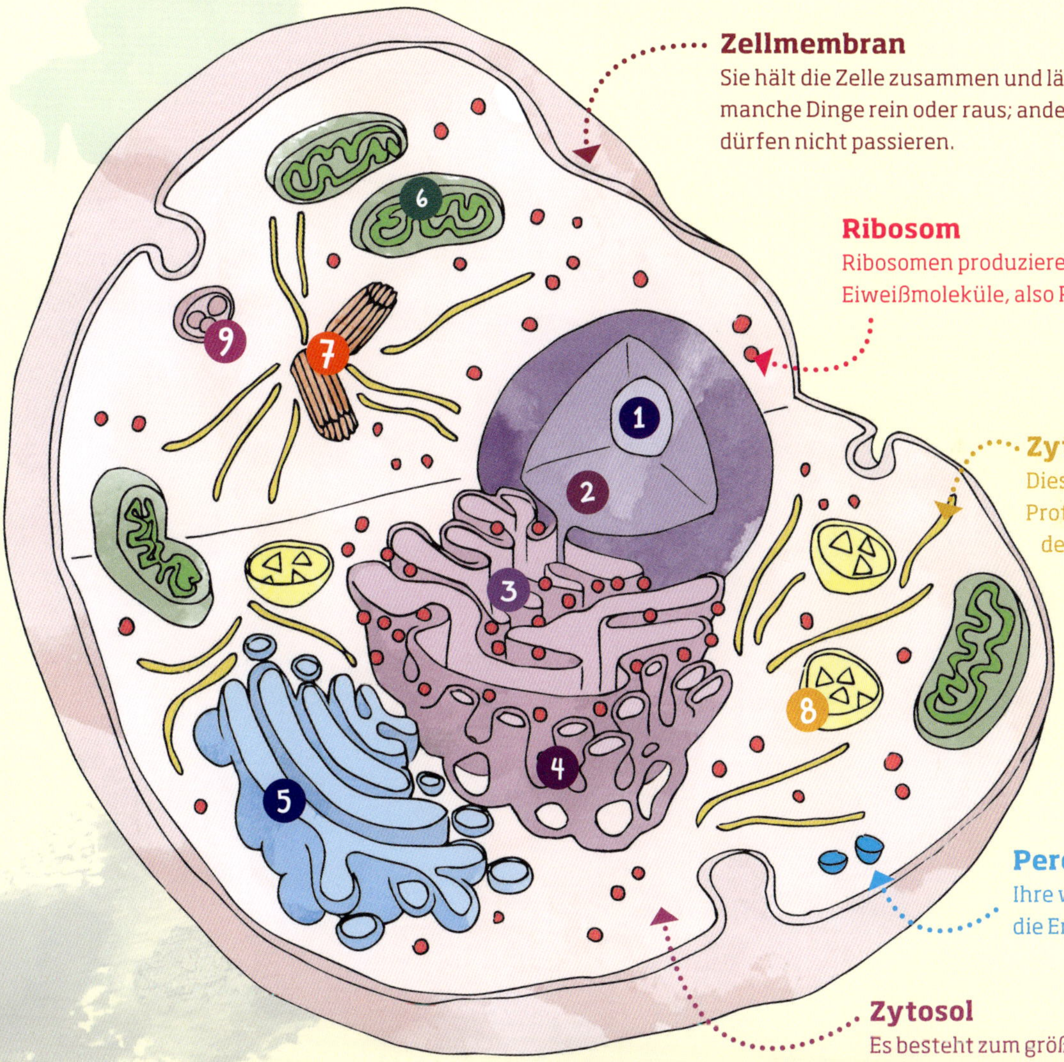

Zellmembran
Sie hält die Zelle zusammen und lässt manche Dinge rein oder raus; andere dürfen nicht passieren.

Ribosom
Ribosomen produzieren Eiweißmoleküle, also Proteine.

Zytoskelett
Dieses Stützgerüst aus Proteinfilamenten gibt der Zelle ihre Form.

Peroxisomen
Ihre wichtigste Aufgabe ist die Entgiftung der Zelle.

Zytosol
Es besteht zum größten Teil aus Wasser, außerdem aus Ionen, kleineren Molekülen sowie wasserlöslichen Proteinen.

DNA – Molekül des Lebens

Um die wichtigsten Lebensvorgänge in einer Zelle zu verstehen, muss man die Funktion eines ganz besonderen Moleküls kennen: der DNA. Die DNA ist das Erbmolekül und enthält den kompletten Bauplan der Zelle, der mit jeder Zellteilung an die Tochterzellen weitergegeben wird.

Vererbungsgesetze

Lange bevor die molekularen Grundlagen der Vererbung bekannt waren, wusste jeder Pflanzen- und Tierzüchter, dass sich Eigenschaften vererben. So wählten die Züchter jene Pflanzen oder Tiere aus, die die gewünschten Eigenschaften hatten. Auf diese Weise züchtete man Rinder mit hohem Milchertrag, Weizen mit vielen und großen Körnern oder kurzbeinige Jagdhunde, die gut in enge Fuchs- und Dachsbauten kriechen konnten.

Chromosomen

Ausgerechnet Fruchtfliegen, jene lästigen Tierchen, die sich von überreifem und gammeligem Obst angezogen fühlen, brachten einen Forscher auf die richtige Spur: Die Gene sitzen auf den Chromosomen. Doch Chromosomen sind komplexe Gebilde. Welcher Bestandteil der Chromosomen trägt die Erbinformation? Wie wird diese Info an Tochterzellen weitergeben? Wie nutzt die Zelle diese Info im alltäglichen Betrieb? Was sind Gene und wie funktioniert der genetische Code? Nur wer die Antworten kennt, weiß auch, wie eine Zelle funktioniert. Aber alles der Reihe nach!

Kopf und Fuß

Der wichtigste Baustein von Membranen ist ein Molekül, das Wasser liebt und gleichzeitig wasserscheu ist. Und das ist gut so! Denn so bilden sich automatisch Zellmembranen.

Seltene Mutante

Sieh uns in die Augen! Die besondere Fruchtfliege mit den weißen Augen brachte einen Forscher bei der langen Suche nach dem Erbmolekül auf die richtige Spur. Der genetische Code war endlich entschlüsselt!

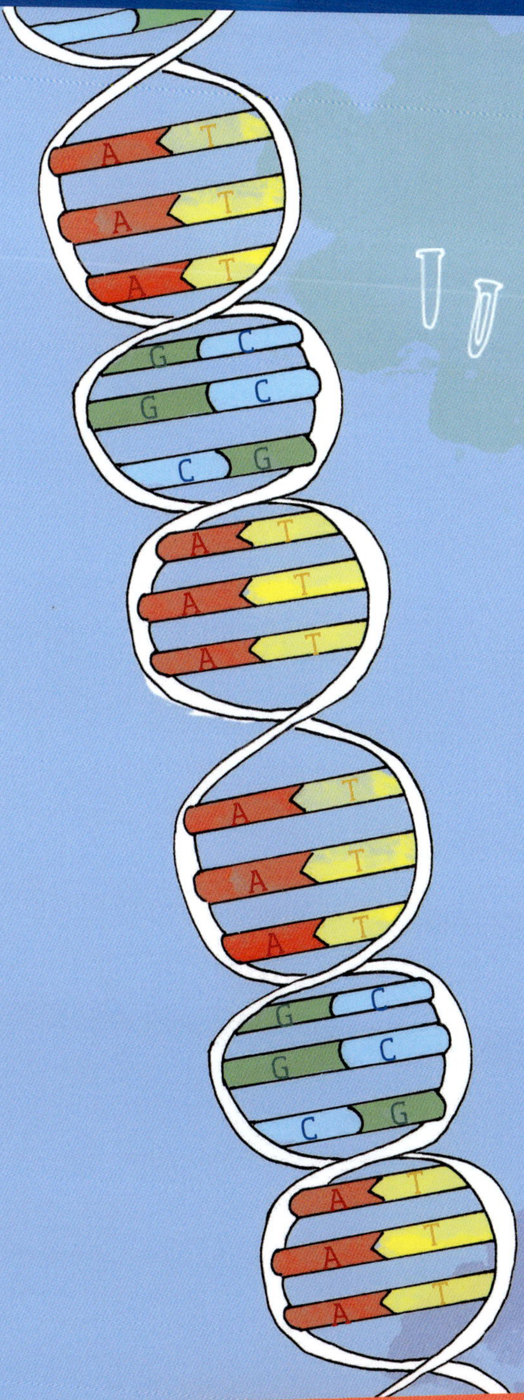

Einfach halbieren

Wenn Bakterien sich fortpflanzen, dann geht das schnell und einfach. Alles verdoppeln und gerecht auf zwei Tochterzellen verteilen. Hast du eine Vorstellung davon, wie schnell das gehen kann?

Unglaublich!

Der genetische Code wird von allen Organismen auf diesem Planeten geteilt. Das bedeutet, dass alle Arten miteinander verwandt sind. Jedes heute lebende Bakterium, der Mensch, aber auch ausgestorbene Dinosaurier haben den gleichen Urahn, der vor nahezu vier Milliarden Jahren gelebt hat. Schon mal darüber nachgedacht, wie wir mit der Banane verwandt sind?

Chromosomen und Gene

Jede Zelle geht immer nur aus einer Zelle hervor. Wir können das bei Einzellern wie Bakterien oder Pantoffeltierchen beobachten, die sich durch Zellteilung vermehren. Aber auch alle mehrzelligen Lebewesen entwickeln sich aus nur einer Zelle: Aus der befruchteten Eizelle des Menschen wird ein mehrzelliger Organismus mit all seinen verschiedenen Organen und den mehr als 200 verschiedenen Zelltypen.

Die Suche nach den Genen

Sehen wir uns eine eukaryotische Zelle unter dem Mikroskop an, kurz bevor sie sich in zwei Tochterzellen teilt. Zunächst löst sich der Zellkern auf und es werden fadenartige Strukturen sichtbar, die sogenannten Chromosomen. Die Chromosomen werden danach paarweise angeordnet und dann die Pärchen auseinandergezogen – in entgegengesetzte Bereiche der Mutterzelle. Schließlich formen sich daraus zwei neue Zellkerne. Nun schnürt sich die Zelle in der Mitte ein und aus einer Zelle werden zwei neue Zellen. Als sich die Forscher mit den Mechanismen der Vererbung zu befassen begannen, nahmen sie diese Beobachtung als Hinweis, dass Eigenschaften wie Augenfarbe oder Körpergröße über sogenannte Gene vererbt werden, die sehr wahrscheinlich auf den Chromosomen sitzen.

Schon gewusst?

Der Mensch hat 23 Chromosomenpaare, also 46 Chromosomen insgesamt. Die Amöbe hat drei Chromosomenpaare, der Schimpanse 24, das Pferd 32, der Hund 39 und der Karpfen sogar 52.

Thomas Hunt Morgan
1866–1945

Als Thomas Hunt Morgan und sein Team mit den Laborexperimenten an Fruchtfliegen begannen, zweifelte er noch an Gregor Mendels Vererbungsgesetzen. Doch die Ergebnisse der Experimente überzeugten ihn, dass Mendel richtig lag. Außerdem erkannte er die Chromosomen als Träger der Erbinformationen.

Weiße Augen
Wissenschaftlich korrekt heißt Morgans nur wenige Millimeter großes Labortier Drosophila melanogaster. Morgan benutzte die Mutante mit den weißen Augen für Zuchtexperimente.

Fliegenmutanten
Der amerikanische Genetiker Thomas Hunt Morgan erbrachte dafür den Beweis mithilfe von Fruchtfliegen. Morgan setzte die Tiere Röntgenstrahlung und Chemikalien aus, um Mutationen auszulösen, also Veränderungen des Erbguts. Mit Erfolg! Normalerweise haben wilde Fruchtfliegen rote Augen. Morgan musste lange warten, bis er eines Tages im Jahr 1910 eine Fliege mit weißen Augen entdeckte. Dieses weißäugige Männchen paarte Morgan mit einem rotäugigen Weibchen. Die Nachkommen hatten alle rote Augen. Das zeigte, dass sich das Merkmal »rote Augen« bei der Vererbung durchsetzt. Nun kreuzte er Männchen und Weibchen dieser ersten Tochtergeneration. Und siehe da: Nun traten neben rotäugigen auch weißäugige Fruchtfliegen auf. Das war keine Überraschung, denn die damals bekannten Vererbungsgesetze – um die wir uns hier nicht weiter kümmern wollen – sagten genau dieses Verhältnis voraus. Doch Morgan machte eine erstaunliche Beobachtung: Die Fruchtfliegen mit den weißen Augen waren immer Männchen. Warum aber war das so?

Wo die Gene sitzen
Wie Morgan später herausfand, sitzt das Gen für die Augenfarbe auf dem X-Chromosom, einem der beiden Geschlechtschromosomen. Weibchen haben als Geschlechtschromosomen zwei X-Chromosomen (XX) und Männchen ein X- und ein Y-Chromosom (XY). Bei den Nachkommen stammt das X-Chromosom vom Weibchen, das dazugehörige Y-Chromosom vom Männchen. In diesem Fall sitzt das mutierte Gen für die weiße Augenfarbe auf demselben Chromosom, auf dem auch das Gen für die Eigenschaft »männliches Geschlecht« sitzt.
Bis 1929 konnte Morgans Team Dutzende von Merkmalen den einzelnen Chromosomen zuordnen.

Proteine oder DNA?
Doch Chromosomen sind komplexe Gebilde, die aus Proteinmolekülen und der einfacher gebauten DNA bestehen. Proteine sind vielfältige Moleküle und wären damit ideal, um die Erbinformationen zu verschlüsseln. Doch durch Experimente wurde klar: Gene sitzen nicht auf den Proteinen, sondern auf der DNA. Leider kannte man nur die Bausteine der DNA, nicht jedoch, wie diese zu einem Molekül zusammengefügt sind. Wollte man verstehen, wie genetische Information abgespeichert und an die nächste Generation weitergegeben wird, so musste man unbedingt die Struktur der DNA klären.

Übersichtlich
Ideales Labortier für Genetiker. Die Fruchtfliege hat vier sehr große Chromosomenpaare, die unter dem Lichtmikroskop gut zu unterscheiden sind.

Die Doppelhelix

Anfang der 1950er-Jahre machten sich mehrere Arbeitsgruppen daran, die Struktur der DNA zu entschlüsseln. In den USA war es der Chemiker Linus Pauling, der bereits über die chemische Struktur von Proteinen geforscht hatte. In Großbritannien waren es zwei Gruppen: Maurice Wilkins mit Rosalind Franklin und Francis Crick mit James Watson. Alle drei Teams wollten herausfinden, wie die Grundbausteine der DNA im Molekül miteinander verbunden sind, und so das Rätsel lösen, wie die Vererbung funktioniert.

Bastelarbeit

James Watson und Francis Crick bastelten aus Pappe, Holzplatten und Metallblechen die DNA-Bausteine Zucker, Phosphorsäure und die vier Basen. Mit Draht und Schrauben bauten sie verschiedene mögliche DNA-Moleküle, doch keines wollte passen. Auf die richtige Spur kamen sie, als sie heimlich einen Blick auf Rosalind Franklins Röntgenbeugungsbilder werfen konnten. Bei dieser Methode wird ein feiner Röntgenstrahl durch einen Kristall geschickt – in diesem Fall war es ein DNA-Kristall. Auf diese Weise kann man auf die Anordnung der Atome im Kristallgitter schließen. Franklins Fotos gaben Watson und Crick den entscheidenden Hinweis: Das DNA-Molekül musste aus zwei Molekülsträngen bestehen, die spiralig in sich verdreht sind.

Die Doppelhelix

Im Grunde sieht das DNA-Molekül wie eine verdrehte Strickleiter aus. An deren langen Seiten wechseln sich Zuckermoleküle und Phosphatgruppen ab. Die Sprossen der Leiter bilden Basenpaare. Die vier Basen sind Adenin, Thymin, Guanin und Cytosin und werden jeweils mit ihren Anfangsbuchstaben abgekürzt. Es stehen sich immer ein C und ein G sowie ein A und ein T gegenüber.

Molekularer Reißverschluss

Watson und Crick konnten mit dieser Struktur erklären, wie sich ein DNA-Molekül verdoppelt. Da sich die Basenpaare leicht voneinander lösen lassen, kann der Doppelstrang wie ein Reißverschluss aufgetrennt werden. Nun liegen also die beiden Teilstränge getrennt vor und

Die zwei Bastler
James Watson (links) und Francis Crick entschlüsselten die Struktur des DNA-Moleküls und stellten fest, dass sich in der Doppelhelix der Kopiermechanismus der Zellen verbirgt.

Die Röntgen-Expertin
Rosalind Franklin war eine Expertin für die Methode der Röntgenbeugung. Ihre Beugungsbilder an DNA-Kristallen ließen nur den einen Schluss zu: Bei der DNA musste es sich um eine Doppelhelix handeln. Den Ruhm teilten sich Watson und Crick mit Wilkins. Denn als die drei 1962 den Nobelpreis für die Strukturaufklärung der DNA entgegennahmen, war Rosalind Franklin bereits verstorben.

jeder Strang kann zu einem neuen Doppelstrang ergänzt werden. So entstehen aus einem einzelnen DNA-Molekül zwei identische DNA-Moleküle. Und genau das geschieht jedes Mal, bevor sich eine Zelle teilt. Das gilt für Einzeller wie auch für mehrzellige Organismen, die sich durch wiederholte Zellteilung aus einer befruchteten Eizelle entwickeln.

Der genetische Code

Nachdem die Struktur des DNA-Moleküls geklärt war, konnte auch der genetische Code entschlüsselt werden. In der Abfolge der vier Basen A, T, G und C sind alle 20 natürlichen Aminosäuren verschlüsselt. Das ist nur möglich, wenn immer drei Basen für eine ganz bestimmte Aminosäure stehen. Durch Experimente wurde klar, welche Basenabfolge für welche Aminosäure steht: AAA codiert die Aminosäure Lysin, AAC steht für die Aminosäure Asparagin, CCG bedeutet die Aminosäure Prolin und so weiter. Eine bestimmte Dreierkombination von Basen wird Codon genannt. So gibt es für jede der 20 natürlichen Aminosäuren mindestens ein Codon, manchmal sind es auch mehrere. Diese Zuordnung der Codons zu den Aminosäuren nennt man den genetischen Code. Und dieser genetische Code ist für jedes Lebewesen auf unserem Planeten gleich. Egal ob das Bakterium E. coli, eine Sonnenblume oder ein Blauwal – alle Organismen benutzen diesen universellen genetischen Code.
Man muss nur die Codons der Reihe nach – und natürlich in der richtigen Richtung – auslesen und weiß nun, in welcher Reihenfolge die Aminosäuren in einem Protein aufgereiht sind. Außerdem gibt es Codons, die den Beginn und das Ende eines Proteins kennzeichnen. Die Information, die zwischen Start- und Endpunkt steht, nennt man ein Gen. Zwar ist es in Wirklichkeit etwas komplizierter, doch für unsere Zwecke genügt diese einfache Definition für ein Gen.

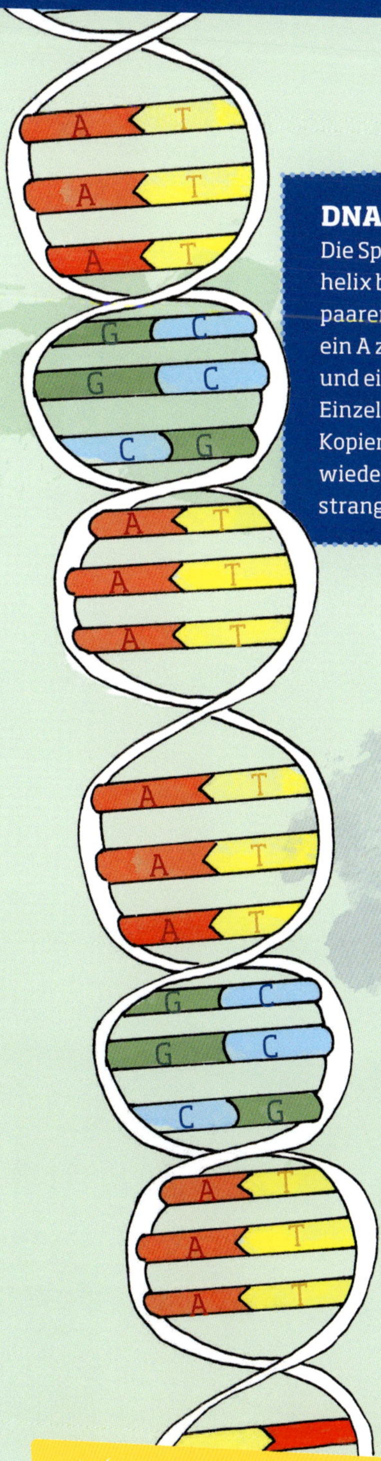

DNA-Strickleiter
Die Sprossen der Doppelhelix bestehen aus Basenpaaren, wobei immer nur ein A zu einem T passt und ein C zu einem G. Die Einzelstränge dienen als Kopiervorlage und können wieder zu einem Doppelstrang ergänzt werden.

Für Schlauberger

Du möchtest deine DNA ausdrucken? Selbst wenn du Vorder- und Rückseite des Druckerpapiers bedruckst, ergibt das einen Stapel von 75 Metern Höhe. Viel Spaß beim Lesen!

Aus DNA wird RNA – aus RNA wird Protein

Für den laufenden Betrieb der Zelle werden ständig neue Proteine benötigt. Die Produktion von Eiweißstoffen in einer Zelle heißt Proteinbiosynthese. Als Synthese bezeichnet man in der Chemie den Zusammenbau größerer Moleküle aus einfacheren Molekülen. Proteinbiosynthese bedeutet, dass in der Zelle einfache Aminosäurenbausteine zu komplexeren Proteinmolekülen zusammengefügt werden.

Erst abschreiben ...

Wird ein bestimmtes Protein in der Zelle benötigt, so muss erst die Information über die Reihenfolge der Aminosäuren nachgeschlagen werden – und das geschieht in der DNA, also im Zellkern. Dort wird dann ein ganz bestimmter Abschnitt, ein Gen, kopiert. Das Anfertigen der Genkopien wird Transkription genannt, was Abschreiben bedeutet. Dabei helfen Enzyme, den Doppelstrang der DNA an der richtigen Stelle aufzutrennen. Nun kann – wieder mithilfe von Enzymen – das entsprechende Gen Base für Base ergänzt werden. Allerdings mit einer kleinen Änderung: Es entsteht kein neues DNA-Stückchen, sondern ein RNA-Stückchen. RNA ist ähnlich gebaut wie die DNA. Es gibt nur kleinere Unterschiede. Erstens enthält die RNA einen anderen Zucker, nämlich Ribose anstatt Desoxyribose – daher der Buchstabe R in RNA. Der zweite Unterschied ist, dass es in der RNA keine Base Thymin, also kein T gibt, dafür die Base Uracil, kurz U. Das ändert aber nichts am Prinzip des genetischen Codes. Und drittens besteht die RNA nur aus einem Strang und nicht wie die DNA aus zwei Strängen. Auf dem fertigen RNA-Stückchen steht nun die komplette Information, um das Protein herzustellen. Man nennt diese RNA auch Boten-RNA oder auf Englisch Messenger-RNA, abgekürzt mRNA. Messenger heißt Bote.

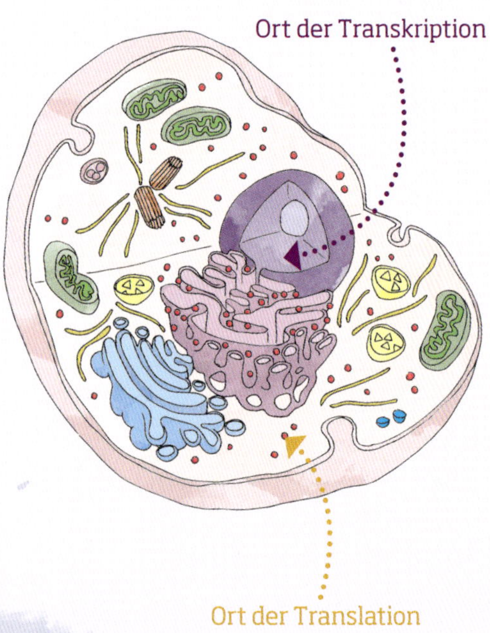

Proteinbiosynthese

Das Gen, ein Abschnitt der DNA, wird zunächst in mRNA übersetzt (1). Diese verlässt den Zellkern, denn die eigentliche Proteinherstellung findet an den Ribosomen statt. Die mRNA wird in das Ribosom eingelegt und die Infos werden Codon für Codon in eine Aminosäurekette übersetzt (2). Die Funktion des Übersetzers übernimmt die tRNA. Sie schafft die passende Aminosäure herbei und liefert sie an der wachsenden Aminosäurekette ab. Und fertig ist das Protein (3)!

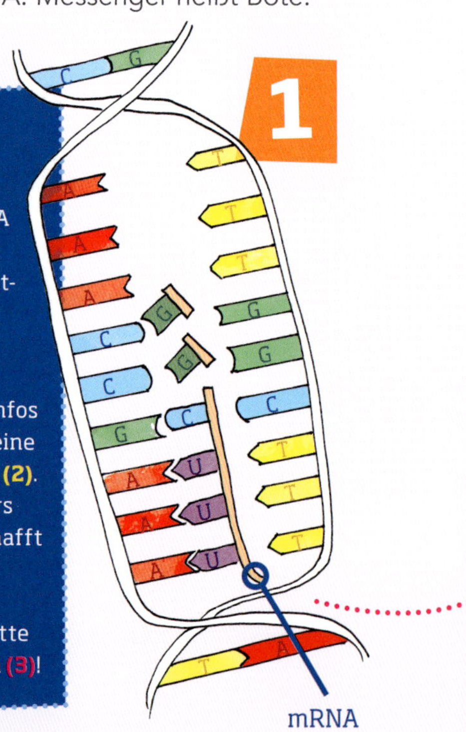

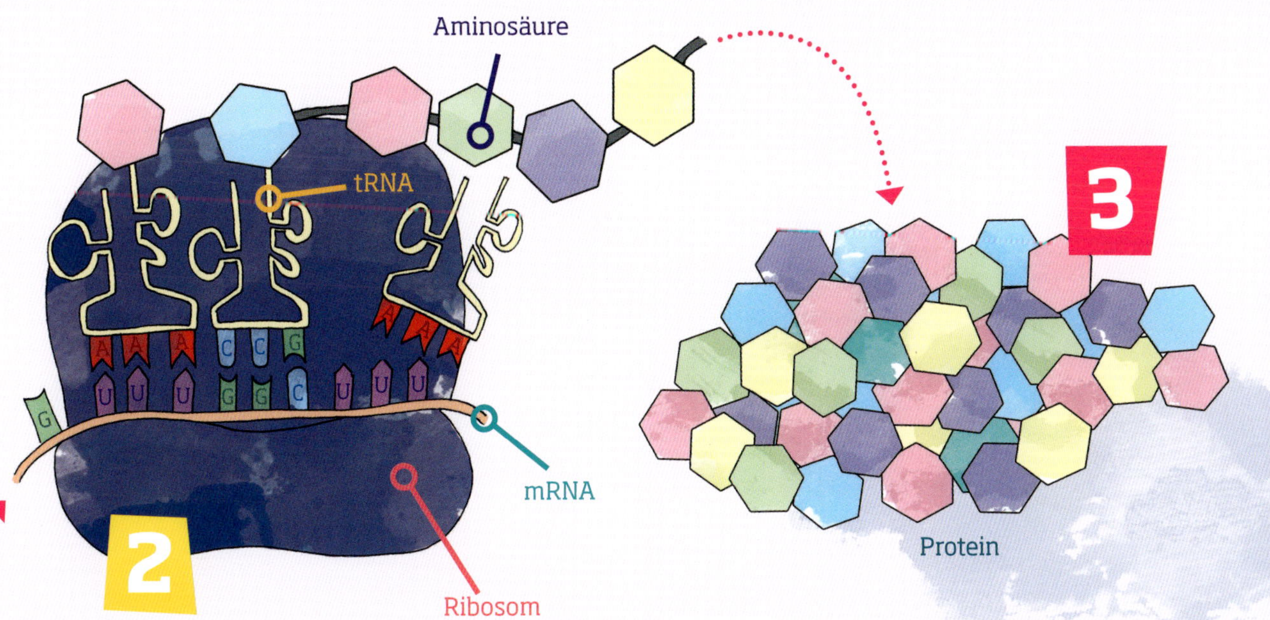

... dann übersetzen

Die Boten-RNA wandert aus dem Zellkern heraus zu einem der vielen Ribosomen, wo nun die Abfolge der Basen in eine Abfolge von Aminosäuren übersetzt wird. Sehen wir uns das etwas genauer an.

Die Boten-RNA wird in das Ribosom eingelegt und Codon für Codon abgearbeitet. Ribosomen bestehen aus mehreren Proteinen und einigen RNA-Molekülen. Sie sind so etwas wie eine Werkbank, an der sich Aminosäuren aneinanderbinden. Nun kommt eine weitere RNA-Sorte ins Spiel, die tRNA. Das t steht für Transfer und bedeutet übertragen oder übergeben. Wenn im Ribosom zum Beispiel gerade das Codon GGC zur Bearbeitung ansteht, dann kommt ein tRNA-Molekül mit dem passenden Gegenstück CCG und heftet sich daran. tRNA-Moleküle mit anderen Aminosäuren können dort nicht andocken. Nun wird die Aminosäure an die bereits vorhandene Aminosäurekette angehängt. Das tRNA-Molekül dockt ab und holt sich an anderer Stelle wieder die zu ihm passende Aminosäure. Das Ribosom rückt nun weiter zum nächsten Codon auf der mRNA vor. Die dazu passende tRNA liefert ihre Aminosäure ab und so geht das weiter bis zum Stopp-Codon. Nun ist das Protein fertiggestellt. Geschafft! Der ganze Vorgang am Ribosom heißt Translation, also Übersetzung. Gemeint ist die Übersetzung der Codons in die passenden Aminosäuren.

Proteine falten

Das Protein bleibt keine lang gestreckte Aminosäurekette, sondern es knäult sich zusammen. Welche Form das Protein letztlich annimmt, hängt von der Reihenfolge der Aminosäuren ab. Je nach Faltung entstehen so also chemisch aktive Bereiche, an denen ganz bestimmte Reaktionen stattfinden können. Wir werden später noch Proteine kennenlernen, die sogar laufen können!

DNA – RNA – Protein

Auch wenn das alles kompliziert klingt, kannst du dir das Grundprinzip ganz einfach merken: Aus DNA wird RNA und aus RNA wird Protein. Alles Leben baut auf diesem Prinzip auf.
Der genetische Code, mit dem genetische Information in Aminosäureketten übersetzt wird, läuft in allen Zellen ab und ist bei allen Lebewesen der gleiche – von den Bakterien bis zum Menschen.

Clever verpackt – die Zellmembran

Die Zellmembran trennt die Zelle von der Außenwelt ab und sorgt für den Zusammenhalt der gesamten Zellmaschinerie. Allerdings darf die Zelle nicht komplett von ihrer Umgebung isoliert sein. Denn sie muss laufend mit neuem Baumaterial und Energieträgern von außen versorgt werden. Außerdem müssen Abfallstoffe aus der Zelle geschafft werden, ebenso nützliche Stoffe, die außerhalb der Zelle – etwa im Blut – benötigt werden. Die Zellmembran ist wie eine Mauer mit Türen. An manchen kontrollieren Türsteher, was in die Zelle gelangen und was diese verlassen darf.

Bewegte Doppelschicht

Die Zellmembran besteht zu einem Großteil aus Phospholipiden. Das sind länglich geformte Moleküle, die aus einem Kopf bestehen, der das Wasser liebt. An dem Kopf hängen zwei Schwänze, die Fett lieben und Wasser meiden. Gibt man solche Moleküle mit einem wasserliebenden und einem wasserabstoßenden Teil in Wasser, so können sich daraus kleine kugelförmige Gebilde formen. Die Zellmembran besteht im Wesentlichen aus einer Doppelschicht aus Phospholipidmolekülen. In die Phospholipiddoppelschicht sind außerdem sogenannte Cholesterinmoleküle eingebaut, die die Membran robuster machen. Je mehr dieser Cholesterinmoleküle die Zellmembran enthält, umso zähflüssiger und stabiler ist sie. Diese Moleküle können ihre Plätze jedoch rasch wechseln und gleichen so eher einer Flüssigkeit als einer festen und starren Hülle.

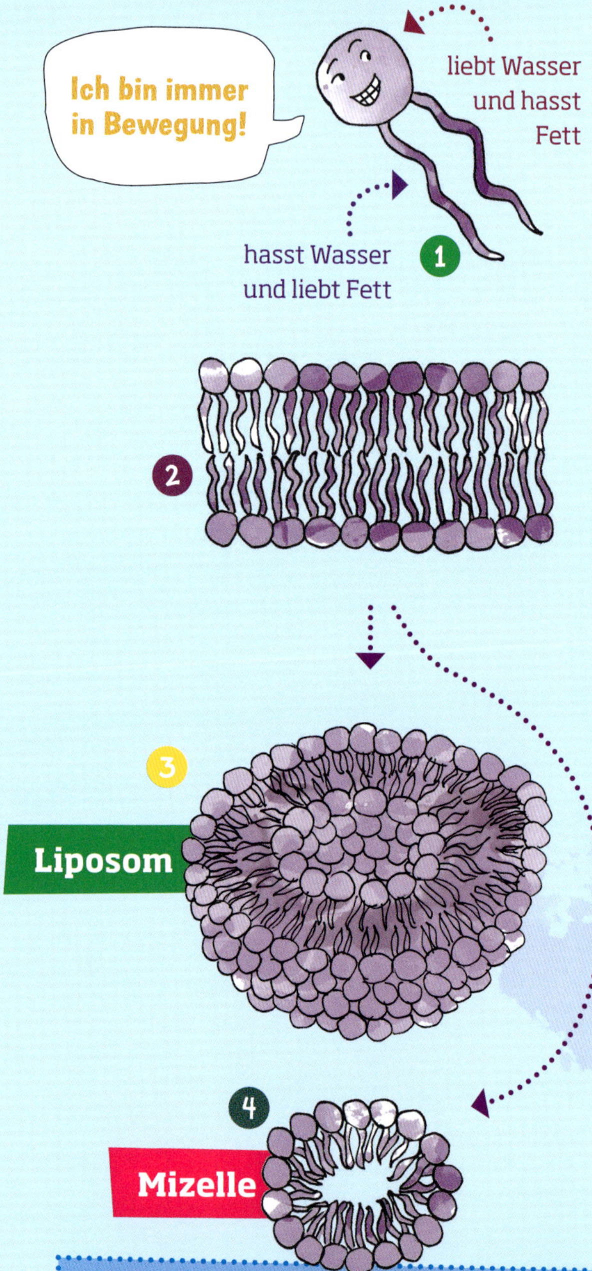

Liebt und hasst Wasser

Phospholipidmoleküle haben einen wasserliebenden Kopf und zwei wasserhassende Schwänze (1). Besonders stabil sind Doppelmembranen (2). In wässriger Umgebung bilden sich entweder Liposomen, kleine Bläschen mit Hohlraum (3), oder Mizellen (4).

Durch die Wand

Aber das ist noch nicht alles. Bestünde die Zellmembran nur aus einer solchen Doppelschicht aus Phospholipidmolekülen und eingebauten Cholesterinmolekülen, könnten nur einige wenige Stoffe die Membran durchdringen. Das wären vor allem kleinere Moleküle, die sich nicht von Wasser angezogen fühlen und an den langen fettliebenden Schwänzen hindurchmogeln können. Andere und vor allem größere Moleküle hätten Probleme, sich durch den wasserabweisenden inneren Teil der Zellmembran hindurchzuzwängen. Damit alle wichtigen Substanzen die Membran durchdringen können, sind in der Membran Proteine eingebaut. Diese funktionieren wie Dreh- oder Schiebetüren. Diese Türen lassen die Moleküle nur unter ganz bestimmten Voraussetzungen durch und nur in eine Richtung. Man sagt auch, die Zellmembran ist semipermeabel, was halbdurchlässig bedeutet.

Kleber und Schutz

An der Außenseite der Zellmembran können an einigen Proteinen sowie den Phospholipiden Kohlenhydratmoleküle hängen, also Moleküle, die aus mehreren aneinandergehefteten Zuckermolekülen bestehen. Dieses Anhängsel hilft zum Beispiel, zwei Zellen miteinander zu verbinden, sodass sich Gewebe aus vielen zusammenhängenden Zellen bilden können. Außerdem wird durch diesen Kohlenhydratanteil die Zellmembran stabiler.

Überall Membranen

Zellmembranen sind sehr flexibel. Sie können wachsen – etwa wenn sich eine Zelle auf die Zellteilung vorbereitet und neue Zellwände zwischen den sich trennenden Tochterzellen aufgebaut werden müssen. Auch müssen die empfindlichen Membranen ständig repariert und ausgebessert werden. Membranen umhüllen nicht nur die Zelle als Ganzes, sondern auch kleinere Zellorganellen, die du bereits kennengelernt hast.
Du siehst also: Zellmembranen sind mehr als nur Verpackungen. Sie sind sehr flexible Gebilde, in denen sich jede Menge tut – und sie sind immer in Bewegung.

Mehr als nur eine Haut

Zellmembranen sind sehr komplex aufgebaut. In die Phospholipiddoppelmembran sind Proteine eingelagert, darunter auch solche, die für den Stofftransport durch die Zellmembran zuständig sind.

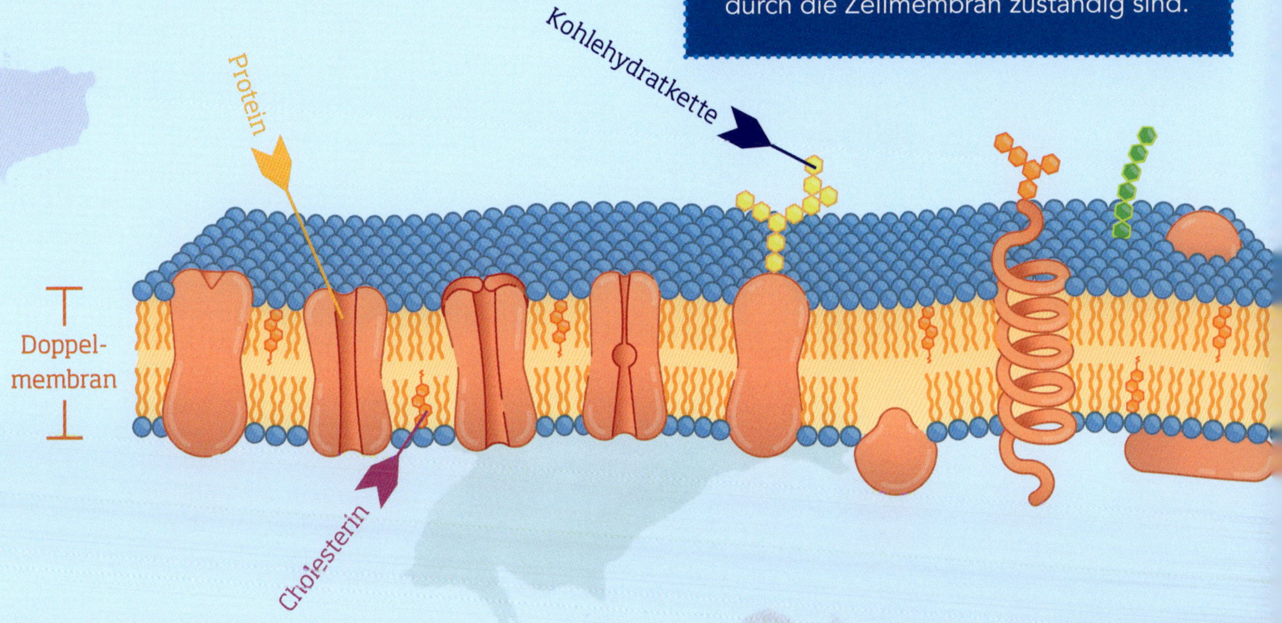

Straßen und Motorproteine

In unseren Zellen herrscht ein ständiges Treiben: Baustoffe, Energieträger und Abfallstoffe werden laufend hin- und herbewegt. Wie aber finden die Moleküle dorthin, wo sie gebraucht werden?

Immer in Bewegung

Die Zelle verfügt über Abertausende von molekularen Motoren, die einen wichtigen Teil der Frachttransporte erledigen. Diese Motoren, die aus Eiweißmolekülen bestehen, ziehen Vesikel, also Bläschen gefüllt mit Proteinen, vom Produktionsort dorthin, wo die Proteine benötigt werden. Diese Transportproteine können ihre Struktur verändern, indem ein hebelartiges Stück des Eiweißmoleküls umklappt und sie sich so ein winziges Stück bewegen. So schreiten sie Schritt für Schritt voran. Was aber treibt sie an?

ATP – Treibstoff der Zelle

Damit dieses Umklappen auch wirklich klappt, brauchen diese Eiweißmoleküle Treibstoff, also eine Energiequelle. Es handelt sich dabei um ein Molekül mit Namen Adenosintriphosphat, kurz ATP. Der wichtige Teil des Moleküls sind drei (tri) Phosphatgruppen – sie sind wie drei Legosteine hintereinandergesteckt. Gibt das ATP eine Phosphatgruppe ab, so entsteht das Molekül Adenosindiphosphat (ADP) mit nur noch zwei (di) Phosphatgruppen. Und bei dieser Abspaltung wird chemische Energie frei, die für verschiedene Prozesse in der Zelle genutzt werden kann – so auch beim Laufen der Transportproteine.

Motorproteine zum Laufen bringen

Ein ATP-Molekül kann so eine Energieportion zum Beispiel an ein Transportprotein abgeben. Transportproteine bestehen aus einem längeren Schwanzteil, an dem die Fracht befestigt ist, und aus einem Kopfteil, der laufen kann. Der Kopfteil besteht aus einem linken und einem rechten Teil, die wie zwei Füße aussehen. Richtig gelesen: Die Motorproteine laufen mit ihrem Kopf! Das ATP überträgt Energie auf das Transportprotein, dieses nimmt eine andere Form an und macht so einen kleinen Schritt nach vorne.

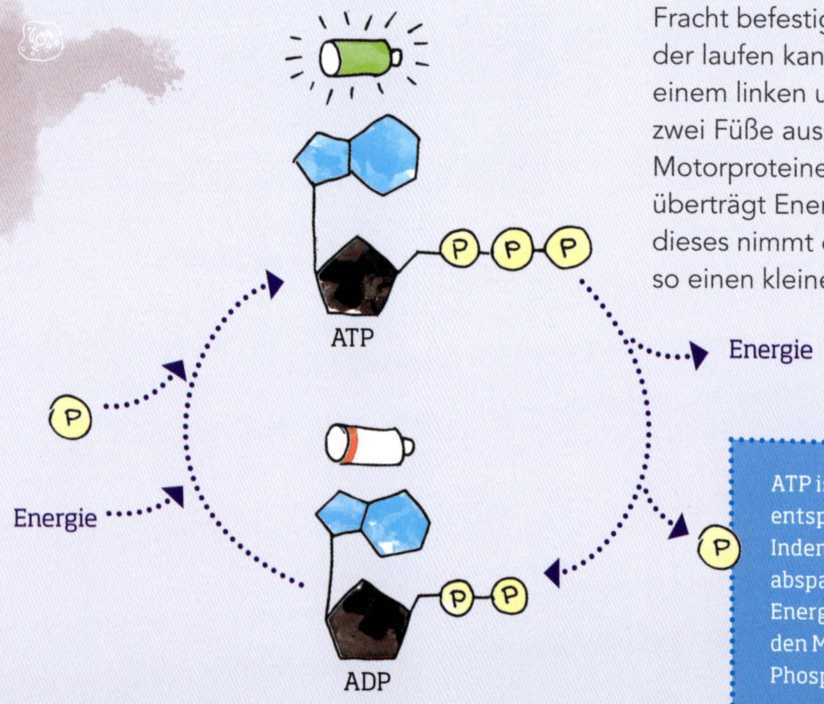

ATP ist ein energiereiches Molekül. Es entspricht einer geladenen Batterie. Indem es eine Phosphatgruppe abspaltet und zu ADP wird, kann es Energie bereitstellen. Das ADP wird in den Mitochondrien wieder mit einer Phosphatgruppe aufgeladen.

Aus dem ATP wird durch die Abspaltung ein ADP. Die ADP-Moleküle werden anschließend wieder in den Mitochondrien, den Kraftwerken der Zelle, aufgeladen. Es ist ein ständiger Kreislauf und die Mitochondrien haben jede Menge zu tun, um energiereiche ATP-Moleküle herzustellen. ATP ist die universelle Energiewährung der Zelle und kann an den unterschiedlichsten Orten und für verschiedenste Zwecke eingesetzt werden. Aber Moment mal! Worauf laufen denn diese Motorproteine eigentlich?

Zellskelett

Betrachtet man eine Zelle unter dem Mikroskop, dann bekommt man den Eindruck, alles wäre ein ungeordneter Haufen von Kleinkram in Wackelpudding. Tatsächlich aber besteht die Zelle aus einem geordneten Netzwerk aus Schienen, auf dem ein Großteil der innerzellulären Transporte abläuft. Ein Teil dieses Schienennetzwerks bilden die Mikrotubuli. Das sind winzige Eiweißröhren, die die Zelle durchziehen. Sie erstrecken sich bis knapp zur Zellmembran. Dort befinden sich die Aktinfilamente, die in den meisten Zellen ein dichtes Geflecht bilden. Nicht ganz so fein wie die Aktinfilamente und weniger dick als die Mikrotubuli sind die intermediären Filamente. Alle drei zusammen – Mikrotubuli, intermediäre Filamente und Aktinfilamente – bilden das Zellskelett oder Zytoskelett. Diese Stützstruktur erinnert entfernt an Stahlkonstruktionen wie den Eiffelturm.

Bewegte Zellen

Anders als die starren Stahlträger des Eiffelturms können sich die Eiweißröhren der Zelle sehr schnell auf- und abbauen. Die sich ständig verändernden Eiweißröhren machen also Zellen beweglich. Außerdem dienen diese Röhren als Wegenetz für den Verkehr in der Zelle. Die großen Mikrotubuli sind die Autobahnen. Auf ihnen können molekulare Motoren andocken und entlangsausen. Das Transportprotein heftet sich mit seinem Kopf – der allerdings wie zwei Füßchen aussieht – an den Mikrotubulus und mit dem anderen Ende an ein Vesikel, also ein Membranbläschen, das das Transportgut enthält. Das Transportprotein zieht so das Vesikel hinter sich her.

Mikrotubuli sind Röhren, die aus kleineren Proteineinheiten bestehen und rasch auf- und abgebaut werden können. Sie stützen die Zelle ab, lassen sich bewegen und sind die Straßen für Transportproteine.

Die Zellteilung

Es gibt drei Gründe, warum sich Zellen teilen: Wachstum, Reparatur und Reproduktion, also Fortpflanzung. Durch Zellteilung vermehren sich die Zellen und ein vielzelliger Organismus kann wachsen und sich entwickeln. Durch Zellteilung können abgestorbene Zellen ersetzt und Wunden geschlossen werden. Außerdem dient die Zellteilung der Fortpflanzung, sowohl bei einzelligen wie auch bei vielzelligen Organismen.

Wenn Bakterien sich teilen

Wenn Bakterien sich fortpflanzen, dann tun sie das durch Zellteilung. Zellteilung ist ein sehr einfaches Verfahren, um aus einer Zelle zwei zu machen und aus diesen dann vier und schließlich acht – so geht das immer weiter, sofern genügend Nährstoffe vorhanden und auch die sonstigen Bedingungen optimal sind. Und so funktioniert die Reproduktion von Bakterien im Detail. Die Zelle stellt zunächst eine Kopie der DNA her. Dann wächst das Bakterium und stellt auch Kopien anderer Zellbestandteile her, etwa der Ribosomen. Nun wird der Zellinhalt auf zwei gegenüberliegende Seiten der Zelle verteilt. Ganz wichtig ist, dass jede der beiden zukünftigen Tochterzellen je eine Kopie des Erbgutes bekommt und in etwa die Hälfte der anderen Zellbestandteile. Im letzten Schritt teilt sich die Zelle in zwei Zellen und das Spiel beginnt von vorne. Manche Bakterienarten teilen sich alle 20 Minuten!

Zellteilung bei Eukaryoten

Bei vielzelligen Organismen mit eukaryotischen Zellen ist der Vorgang der Zellteilung komplexer. Die Zelle durchläuft einen Zellzyklus aus Zellwachstum und Zellteilung. Betrachten wir den Zellzyklus einer tierischen Zelle, die einen Zellkern besitzt. Die meiste Zeit verbringt die Zelle in der sogenannten Interphase, das heißt, sie erfüllt ihre Aufgaben. In dieser Phase

So teilen sich Bakterien

Vor der Teilung liegt die DNA vergleichsweise eng gepackt vor (1). Von der DNA und den Plasmiden werden Kopien angefertigt (2). DNA und Plasmide werden an die zwei getrennten Pole des Bakteriums gezogen. Zugleich wächst das Bakterium (3). Auch die Ribosomen werden gleichmäßig auf beide Teile des Bakteriums verteilt (4). Eine trennende Zellwand beginnt zu wachsen (5). Am Ende liegen zwei getrennte Bakterienzellen vor (6).

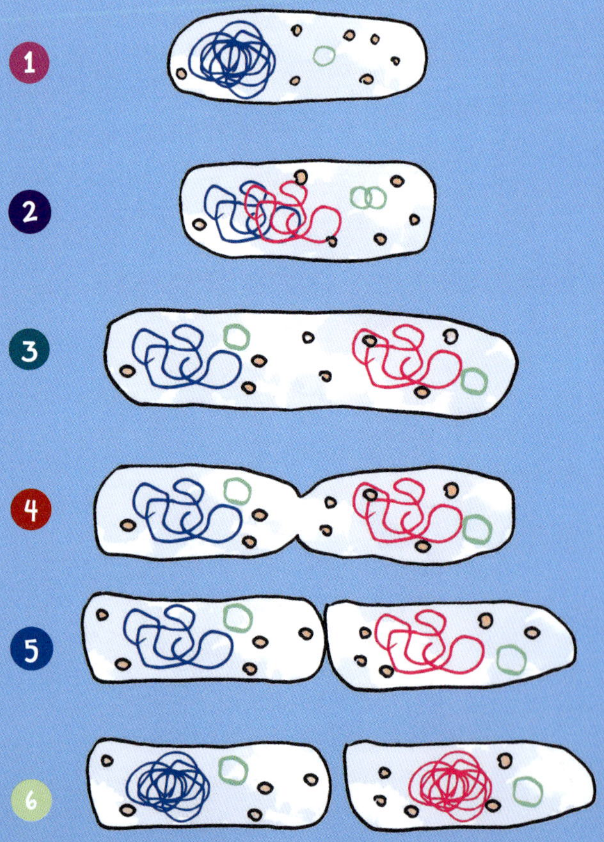

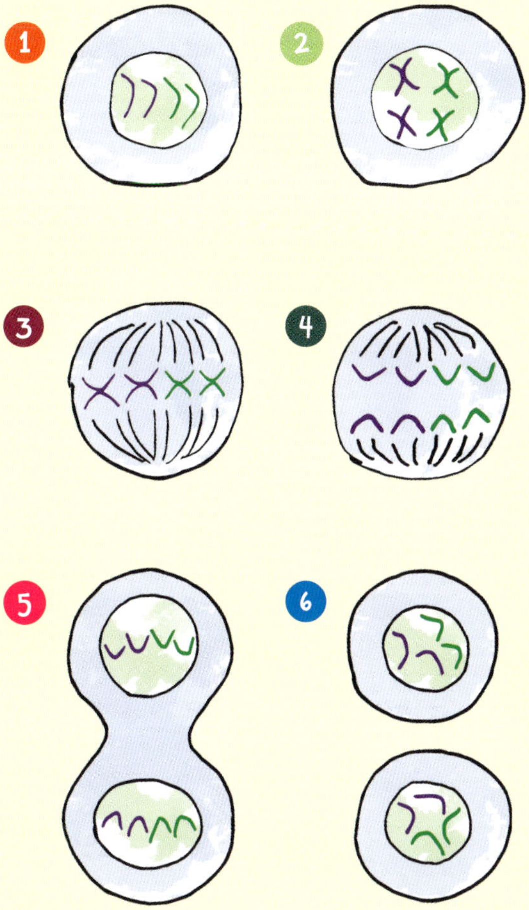

So teilen sich tierische Zellen

In der Mutterzelle ist die DNA im Zellkern (1). Die DNA wird verdoppelt (2). Der Zellkern hat sich aufgelöst. Der Spindelapparat bildet sich und die Chromosomen ordnen sich in der Mitte der Zelle an. Die Mikrotubuli des Spindelapparats heften sich an die Chromosomen (3). Die Mikrotubuli verkürzen sich und trennen so die DNA in zwei vollständige Sätze (4). Die Zelle beginnt, sich einzuschnüren, eine neue trennende Zellwand wird gebildet (5). Währenddessen bildet sich jeweils eine Kernmembran. Zwei Tochterzellen sind entstanden (6).

findet auch das Zellwachstum statt. Die Zelle wird größer und es werden neue Zellorganellen und Proteine gebildet. Im nächsten Schritt bereitet sich die Zelle auf die Zellteilung vor, indem sie ihre DNA kopiert – das genetische Material wird verdoppelt. Aus einem Chromosomensatz werden zwei identische, komplette Chromosomensätze. Anfangs liegen die verdoppelten Chromosomen noch entspiralisiert vor, gewissermaßen als ungeordnetes Knäuel.

Mitose

Nun kommt es zur Mitose, das ist im Grunde die Teilung des Zellkerns. Die DNA spiralisiert sich – sie wird kompakter. In diesem Zustand kann man sie im Lichtmikroskop beobachten. Es sind immer zwei identische Stränge miteinander verbunden und bilden x-förmige Pakete. Dann löst sich die Kernhülle auf. Gleichzeitig bildet sich der Spindelapparat aus. Dieser besteht aus Proteinfäden, den Mikrotubuli. Nun ordnen sich die Chromosomen in einer Ebene in der Zellmitte an. Die Fasern des Spindelapparats binden sich hier an die Chromosomen. Anschließend verkürzen sich die Fasern des Spindelapparats und so werden die Chromosomen in jeweils entgegengesetzte Bereiche der Zelle gezogen. Danach bildet sich jeweils eine neue Kernhülle aus. Wir haben nun eine Zelle mit zwei Kernhüllen und zwei Sätzen des Erbguts.

Zytokinese

In der letzten Phase der Zellteilung wird das Zytoplasma mit all seinen Molekülen, Ribosomen und Organellen aufgetrennt und es bildet sich eine neue Zellwand. Die beiden identischen Tochterzellen gehen nun in die Interphase über, womit der Zellzyklus geschlossen ist.

Meiose

Geschlechtszellen, also Ei- und Samenzellen, sind Zellen, die nur über die Hälfte des Erbguts verfügen. Diese entstehen bei der sogenannten Meiose. Wenn bei der Befruchtung Ei- und Samenzelle miteinander verschmelzen, wird der doppelte Chromosomensatz wiederhergestellt.

Evolution der Zelle

Eine Zelle geht immer aus einer bereits vorhandenen Zelle hervor – so die Zelltheorie. Allerdings konnte die erste Zelle vor rund vier Milliarden Jahren keinen Vorläufer gehabt haben. Sie musste sich aus der unbelebten Natur aus einfachen Molekülen schrittweise gebildet haben. Möglicherweise ist dies mehrmals geschehen. Doch nur eine Zelle war erfolgreich und hat Abstammungslinien, die bis heute reichen. Diese Urzelle ist der letzte gemeinsame Vorfahr allen Lebens, das auf der Erde existiert.

Einfache Zellen

Die ersten Zellen waren zwar einfach gebaut, aber sie waren anpassungsfähig. Sie folgten den Prinzipien der Evolution und brachten verschiedene Arten hervor, darunter zahlreiche verschiedene Bakterien und Archaeen, die Energie und Baumaterialien aus den unterschiedlichsten Stoffen bezogen. Dabei waren auch solche, die Sauerstoff atmen oder die Energie von Sonnenlicht nutzen konnten.

Komplexe Zellen

Doch woher stammen die komplexeren eukaryotischen Zellen? Wie kamen diese Zellen zu ihren Organellen? Wie konnten sie größer werden als ihre Vorgänger? Um Antworten auf diese Fragen zu finden, muss man sich nur heutige Eukaryoten genauer ansehen. Denn die Evolution hat Spuren hinterlassen, die auf extrem seltene Ereignisse schließen lassen, die mindestens zweimal stattgefunden haben müssen. In beiden Fällen haben sich zwei Zellen zusammengetan und waren von da an gemeinsam stärker.

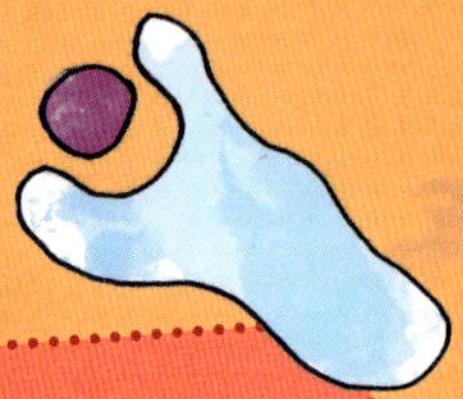

Wenn eine Zelle von einer anderen umschlossen wird, dann wird die innere meist verdaut. Pech für die eine, Glück für die andere. Manchmal aber lebt die eine in der anderen Zelle weiter.

Mehr und größer!

Das Leben begann mit einfachsten Einzellern und entwickelte sich hin zu Vielzellern. So brachte die Evolution große Organismen in einer überwältigenden Formenvielfalt hervor. Ein Zwischenschritt waren Zellkolonien. Dabei kleben die Tochterzellen nach der Zellteilung einfach zusammen. Kannst du dir vorstellen, welchen Vorteil die Zelle dabei hat?

Wir leben direkt oder indirekt von den Pflanzen. Und diese wiederum leben von der Energie der Sonne. Als Bakterien die Fotosynthese entwickelten, war der Weg für eine neue Energiequelle bereitet.

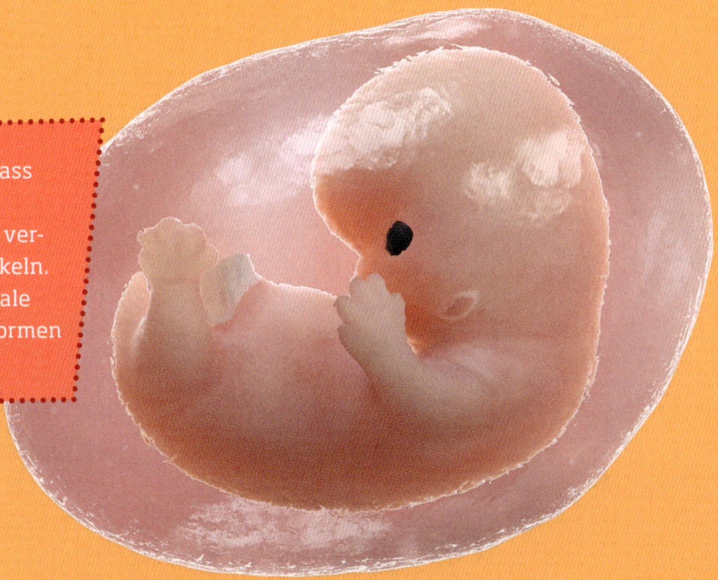

Es gleicht einem Wunder, dass sich aus nur einer einzigen befruchteten Eizelle all die verschiedenen Organe entwickeln. Dahinter stecken embryonale Stammzellen, die alle Zellformen hervorbringen können.

Vielzeller bestehen aus unterschiedlichen Zelltypen, die Gewebe und Organe bilden. Die Entwicklung der Vielzelligkeit ist eine der großen Erfindungen der Evolution.

Die erste Zelle

Noch nie wurde beobachtet, dass sich spontan aus unbelebter Materie eine Zelle gebildet hat. Doch genau das muss vor etwa 3,8 bis 4 Milliarden Jahren geschehen sein. Und in einem besonderen Punkt dürfte sich die erste Zelle von heutigen Bakterien, Archaeen und anderen Einzellern unterschieden haben: Sie hatte keine DNA.

DNA-Welt

Alle heutigen Zellen tragen DNA als Erbmolekül in sich und geben dieses an die Tochterzellen weiter. Wir leben also in einer DNA-Welt. Sowohl bei der Verdopplung der DNA als auch bei der Transkription und Translation sind Enzyme notwendig, also besondere Proteinmoleküle. Das Problem ist: Proteine können nur geschaffen werden, wenn bereits DNA vorhanden ist. Zugleich kann die DNA nur funktionieren, wenn bereits Proteine vorhanden sind. Wie soll das gehen? Es ist verzwickt! Das erste Leben kann also nicht Teil der DNA-Welt gewesen sein. Doch wenn nicht DNA, welches andere Molekül war dann die Grundlage des ersten Lebens?

RNA-Welt

Tatsächlich lässt sich genetische Information auch in RNA-Molekülen abspeichern – und die RNA ist sogar noch vielfältiger als die DNA. Denn RNA-Moleküle haben eine besondere Eigenschaft: Sie können sich so zusammenfalten, dass sie ähnlich wie Enzyme wirken und ganz bestimmte chemische Reaktionen in einer Zelle ermöglichen. Die RNA kann also ohne die Hilfe von Proteinen Informationen speichern, auslesen und in Proteine übersetzen. Auch das Verdoppeln kurz vor der Zellteilung funktioniert ganz ohne Proteine. Problem gelöst! Es muss demnach ganz zu Anfang des Lebens eine RNA-Welt gegeben haben.

Auf dem Weg zur Zelle

Die RNA kann also von sich selbst Kopien anfertigen, sie kann sich durch Mutation abwandeln und sich immer weiter an die sich wechselnden Umgebungsbedingungen anpassen. Zur Erinnerung: Bei der Verdopplung des Erbguts können Fehler entstehen oder es kann zum Beispiel durch Strahlung geschädigt werden. Wenn so die Basenabfolge eines

In der Umgebung von heißen Tiefseequellen könnte das erste Leben entstanden sein.

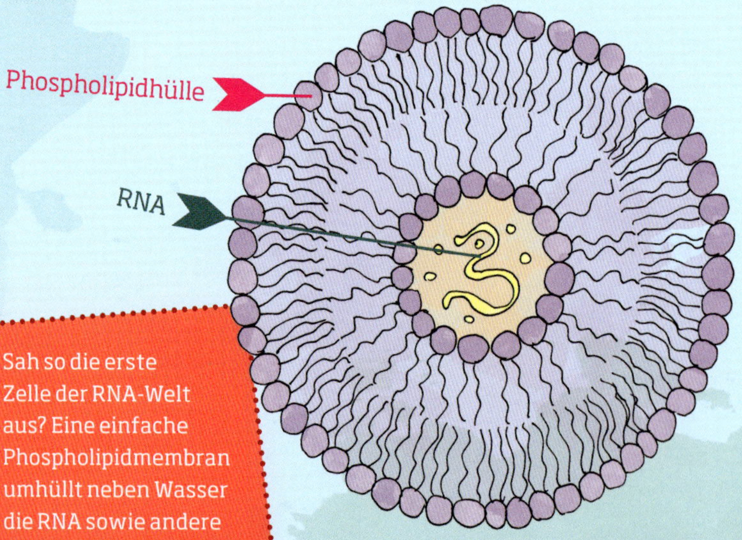

Sah so die erste Zelle der RNA-Welt aus? Eine einfache Phospholipidmembran umhüllt neben Wasser die RNA sowie andere wichtige Moleküle.

Gestatten, LUCA!

Alle heutigen Lebewesen gehen auf LUCA zurück, von dem es leider keine Fossilien gibt. LUCA ist die Abkürzung für Last Universal Common Ancestor. LUCA muss aber nicht zwingend das erste Leben gewesen sein. Andere Versuche der Natur könnten weniger erfolgreich verlaufen sein und keine Nachkommen hinterlassen haben. Auch sollte man sich LUCA nicht als einzelnes Wesen vorstellen, sondern eher als eine Gemeinschaft, die ständig untereinander genetische Informationen ausgetauscht hat. Auf jeden Fall war LUCA enorm erfolgreich und hat unter anderem Dinosaurier, Bananen und den Menschen hervorgebracht.

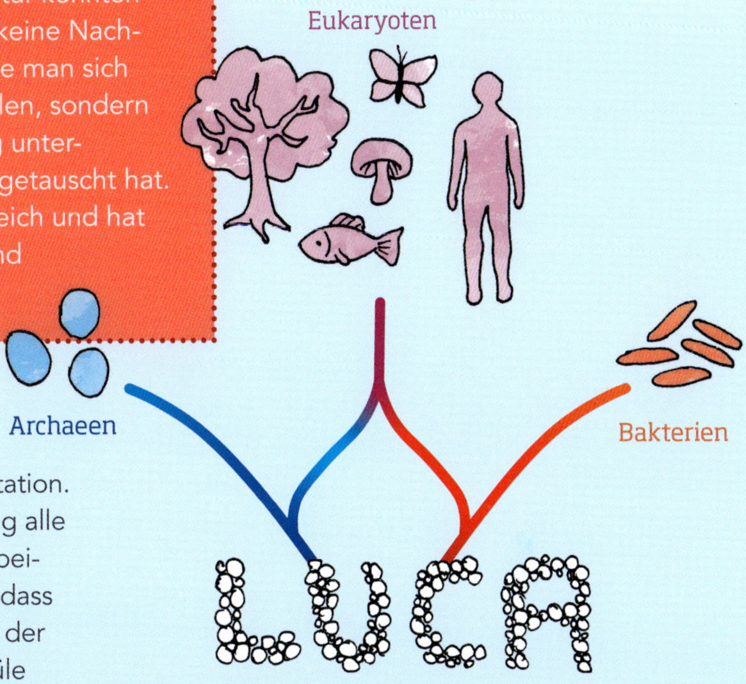

Gens verändert wird, nennt man das Mutation. Allerdings müssen bei der Vervielfältigung alle benötigten chemischen Bausteine nahe beieinanderliegen. Deshalb nimmt man an, dass sich das erste Leben nicht in den Weiten der Ozeane gebildet hat, wo sich die Moleküle schnell voneinander entfernen und dann nur noch sehr verdünnt vorliegen. Doch es gibt andere wässrige Orte, wo die benötigten Moleküle in höheren Konzentrationen vorliegen können. Das können Mineralienoberflächen sein, Hohlräume in porösem Gestein oder Poren in Wassereis. In diesen kleinen, geschützten Räumen könnten sich also RNA-Moleküle vervielfältigt und Vorstufen des ersten Lebens gebildet haben. Die erste Zelle wurde schließlich geboren, als sich eine Hülle um alle lebensnotwendigen Moleküle legte. So konnte sich die Zelle nun frei im Wasser treiben lassen.

Schon gewusst?

Seit den 1950er-Jahren wurde versucht, die Umweltbedingungen der Urerde im Labor nachzuahmen. Dabei entstanden aus einfachen Molekülen Aminosäuren und andere wichtige Moleküle, die für das Leben entscheidend sind. Doch bei keinem der Experimente entstand auch nur eine einzige Zelle. Die Evolution hatte einfach mehr Zeit!

Von einer Welt zur anderen

Die RNA hat jedoch einen Nachteil: Sie neigt stärker zu Mutationen. Das heißt, bei ihrer Verdopplung ist die Wahrscheinlichkeit sehr groß, dass Fehler eingebaut werden. Das ist bei kurzen RNA-Molekülen, also bei einfachen Organismen, nicht allzu schlimm. Allerdings ist die Wahrscheinlichkeit, dass lebens- und durchsetzungsfähige Nachkommen entstehen, umso geringer, je länger die RNA-Moleküle sind.
Die DNA hat den Vorteil, dass sie stabiler und weniger anfällig für Mutationen ist. Auch gibt es in der DNA-Welt Reparaturmechanismen, die viele Schreibfehler der Basenabfolge erkennen und automatisch beheben. Deshalb konnten sich Zellen basierend auf DNA gegenüber RNA-Zellen evolutionär durchsetzen. Wann und wo dieser Übergang von der RNA-Welt auf die DNA-Welt stattgefunden hat, werden wir aber möglicherweise nie herausfinden.

Wie die Zelle zu ihren Kraftwerken kam

Die ersten Zellen waren klein und ohne Zellkern und Organellen. Wie aber entstanden die sehr viel größeren und komplexeren eukaryotischen Zellen mit Zellkern und Zellorganellen?

Fressen oder nicht fressen

Manche Zellen leben davon, andere Zellen zu fressen. Die einzelligen Amöben zum Beispiel umschlingen Bakterien. Indem sie ihren Fang verdauen, kommen sie an Baumaterial und Energie, um wachsen und sich vermehren zu können. Aber manchmal kann es von Vorteil sein, wenn man den anderen nicht auffrisst, sondern versucht, miteinander zu leben. Das kann nebeneinander sein, also Zellmembran an Zellmembran oder aber auch ineinander, also eine Zelle in einer anderen. Letzteres ist mindestens zweimal im Laufe der Evolution passiert. Und beide Male brachte es das Leben voran!

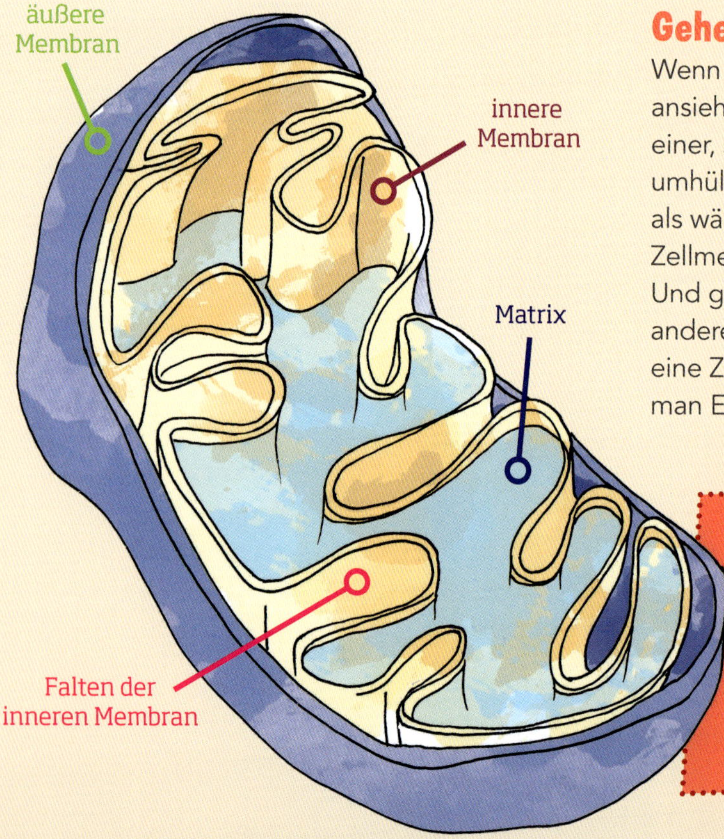

Mehr Energie

Heutige eukaryotische Zellen sind groß und haben einen hohen Energiebedarf. Und diese Energie wird ihnen von speziellen Organellen geliefert: den Mitochondrien. Das sind kleine, aber sehr leistungsfähige Kraftwerke, die Zucker abbauen und dabei frei werdende Energie in eine für die Zelle verwertbare Form bringen. Die Mitochondrien treiben tierische wie auch pflanzliche Zellen an. Klar, auch die Zellen von Pilzen. Wie aber kam die Zelle zu den Mitochondrien?

Geheimnis der doppelten Membran

Wenn man sich ein Mitochondrium sehr genau ansieht, dann fällt auf, dass es nicht nur von einer, sondern gleich von zwei Membranen umhüllt ist. Das Mitochondrium sieht also aus, als wäre es eine Zelle, die sich zusätzlich die Zellmembran einer fremden Zelle umgelegt hat. Und genau das passiert, wenn eine Zelle eine andere schluckt. Diesen Vorgang, wenn sich eine Zelle einen Feststoff einverleibt, nennt man Endozytose.

Wozu die Falten?
Die innere Membran ist stark gefaltet. An der so vergrößerten Oberfläche finden unter anderem chemische Reaktionen statt, die die Zelle mit Energie in Form von ATP versorgen.

Lynn Margulis hat alles Wissen über Mitochondrien und Chloroplasten zusammengetragen und erweitert. 1967 stellte sie ihre Endosymbiontentheorie öffentlich vor. Aber wie so oft hat es noch viele Jahre gedauert, bis diese fantastische Idee von allen Wissenschaftlern akzeptiert wurde.

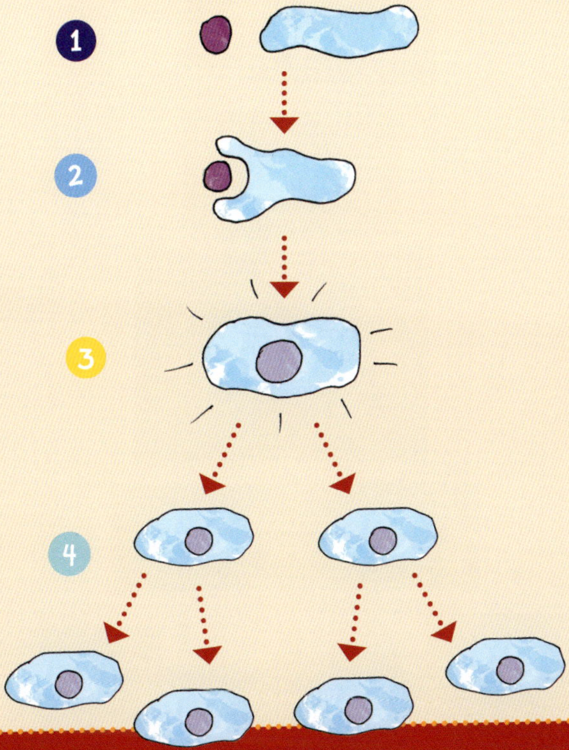

Endosymbiose

So kam das Mitochondrium in die Zelle: Alles beginnt mit zwei unabhängigen prokaryotischen Zellen **(1)**. Die eine Zelle schluckt die kleinere Zelle **(2)**, verdaut sie aber nicht. Stattdessen lebt der Gast in der Wirtszelle weiter. Beide Partner profitieren von der Beziehung **(3)**. Der Gast teilt sich innerhalb der Zelle und vermehrt sich so. Bei jeder Zellteilung der Wirtszelle werden die Gäste auf die Tochterzellen verteilt **(4)**. Aus einem ehemals unabhängigen Bakterium wurde so eine Zellorganelle.

Wenn Zellen Zellen schlucken

Vor etwa zwei Milliarden Jahren – ganz genau weiß man das nicht – muss sich eine Zelle eine andere, kleinere Zelle einverleibt haben. Doch sie hat ihren Fang nicht verdaut! Stattdessen lebte die kleinere Zelle in der größeren weiter. Und beide Zellen hatten Vorteile: Der kleinere Gast wurde von der Wirtszelle mit Nährstoffen beliefert und im Gegenzug gab es eine funktionierende Energieversorgung für den Wirt. Es handelte sich um eine symbiotische Beziehung. Von Symbiose spricht man, wenn zwei Organismen unterschiedlicher Arten zusammenleben und jeder davon einen Vorteil hat. In diesem besonderen Fall lebt ein Partner innerhalb des anderen Partners. Es handelt sich somit um eine innere Symbiose, eine sogenannte Endosymbiose also.

Hier gibt es nur Gewinner!

Der Endosymbiont hat ein sicheres und komfortables Zuhause und zahlt seine Miete, indem er den Wirt mit Energie versorgt. Nach Abermillionen Jahren gemeinsamer Evolution ist es undenkbar, dass der eine ohne den anderen auskommt – heute bilden beide einen einzigen Organismus. Aus dem Bakterium ist ein Mitochondrium geworden, das außerhalb seiner Wirtszelle nicht mehr überleben kann.

Die Beweise

Du willst Beweise für die Endosymbiontentheorie? Also gut! Mitochondrien haben eine doppelte Membran: Die eine stammt von der verschluckten Zelle, die andere wurde dieser von der Wirtszelle beim Eindringen übergestülpt. Aber das weißt du ja bereits. Außerdem haben Mitochondrien ihre eigene ringförmige DNA, so wie es jede prokaryotische Zelle hat. Tatsächlich hat das Bakterium einen Großteil seiner DNA verloren oder an die Wirtszelle abgegeben. Sie hat nur das behalten, was sie selbst noch benötigt, etwa um sich teilen zu können. Richtig gelesen: Mitochondrien vermehren sich wie Bakterien durch Teilung.

Jetzt neu mit Solarkraft

Ein endosymbiotisches Ereignis wie das Einverleiben eines Bakteriums und dessen Umwandlung in Mitochondrien ist selten. Aber es war nicht das einzige Ereignis dieser Art. Sieh dir mal Pflanzenzellen unter dem Lichtmikroskop an – und vor allem die aus grünen Blättern.

Chloroplasten in Pflanzenzellen haben sich aus Cyanobakterien entwickelt, denen es gelungen ist, nicht von der Wirtszelle verdaut zu werden. Damit bedanken sie sich bis heute, indem sie die Zellen mit Energie aus Sonnenlicht versorgen.

Chloroplasten

In den Zellen befinden sich zahlreiche grün gefärbte Organellen, die Chloroplasten. In ihnen findet die Fotosynthese statt. Bei diesem Prozess nutzt die Pflanze die Energie des Sonnenlichts, um aus zwei einfachen Molekülen – Wasser und Kohlendioxid – energiereiche Zuckermoleküle aufzubauen. Und ganz nebenbei entsteht noch wertvoller Sauerstoff. Auf diesen Zuckermolekülen basiert nahezu das gesamte Leben. Der Zucker der Pflanzen ist eine wertvolle Nahrungsquelle für Pflanzenfresser und Allesfresser, von denen wiederum Raubtiere leben. Direkt oder indirekt leben die meisten Organismen also vom Licht der Sonne. Ohne Chloroplasten gäbe es all dieses Leben nicht – auch nicht uns Menschen.

Neuer Mieter

Wie aber kam die Pflanzenzelle zu den Chloroplasten? Du ahnst es sicher: Es hat mit Endosymbiose zu tun. Dieses Mal verschluckte eine Zelle ein Bakterium, das zur Fotosynthese fähig war, ein Cyanobakterium. Und auch hier hat dieses Ereignis seine Spuren hinterlassen. Wie beim Mitochondrium haben auch Chloroplasten eine doppelte Membran und eigene DNA.

Evolutionssprung

Jene Zellen, die sich die einverleibten Bakterien als Mitbewohner hielten, hatten einen enormen Vorteil. Das gilt für beide Ereignisse: die Bildung von Mitochondrien wie auch die Bildung von Chloroplasten. Die Wirtszellen hatten von da an ihren eigenen Energieproduzenten im Haus. Durch diesen Schritt haben sie sich Zugang zu einer ausgereiften Erfindung ins Haus geholt, an der die Evolution sehr lange gebastelt hat. Durch die Endosymbiose hatte die Evolution gewissermaßen eine Abkürzung genommen. Außerdem bekamen die Zellen eine gehörige Portion an zusätzlicher DNA, die im weiteren Verlauf die Evolution beschleunigen konnte.

Und der andere Kram?

So weit erklärt die Endosymbiontentheorie, woher Mitochondrien und Chloroplasten kommen. Aber eine eukaryotische Zelle besteht aus weit mehr. Wo kommen denn der Zellkern, der Golgi-Apparat, das Endoplasmatische Retikulum, das Zytoskelett, die Lysosomen und all jene Dinge her, über die prokaryotische Zellen nicht verfügen? Nun, auf diese Fragen gibt es noch keine eindeutigen Antworten. Sicher ist nur, dass diese Einrichtungen die Zelle leistungsfähiger und flexibler machten.

Mehr Ausstattung

Die Zellen verdanken der Endosymbiose eine effiziente Energieversorgung. Sie entwickelten ein verbessertes inneres Röhrennetzwerk, das ihnen als Transportnetz innerhalb der Zelle diente. Nun konnten die Zellen auch größer werden, denn die Stoffe konnten in Bläschen verpackt und schnell dorthin gebracht werden, wo sie gebraucht wurden. Das Röhrennetzwerk gab der Zelle zusätzlich Stabilität. Und weil es schnell auf- und abgebaut werden konnte, war es der Zelle nun möglich, sich zu bewegen. Sie bekam außerdem immer mehr Ausstattung und wurde immer komplexer. Die Informationen dafür wurden in einer immer längeren DNA abgespeichert. Damit diese gut geschützt ist, wurde sie von einer Membran umgeben. Möglicherweise ist der Zellkern genau wie weitere Organellen durch Einstülpung der Zellmembran entstanden. Der Zellkern war also eine Notwendigkeit der immer komplexer werdenden Zellen. Wann der Zellkern als Neuerung hinzukam? Wir wissen es nicht.

Eukaryoten

Einige stülpen ihre Zellmembran ein und bilden so Organellen wie das Endoplasmatische Retikulum **(1)**. Membranen umschließen die DNA und bilden den Zellkern. Bakterien werden aufgenommen; aus ihnen werden die Mitochondrien **(2)**. Andere Bakterien können die Energie des Sonnenlichts nutzen; auch sie werden geschluckt und wandeln sich zu Chloroplasten **(3)**. So haben sich vereinfacht dargestellt tierische und pflanzliche Zellen aus einfachen prokaryotischen Zellen entwickelt.

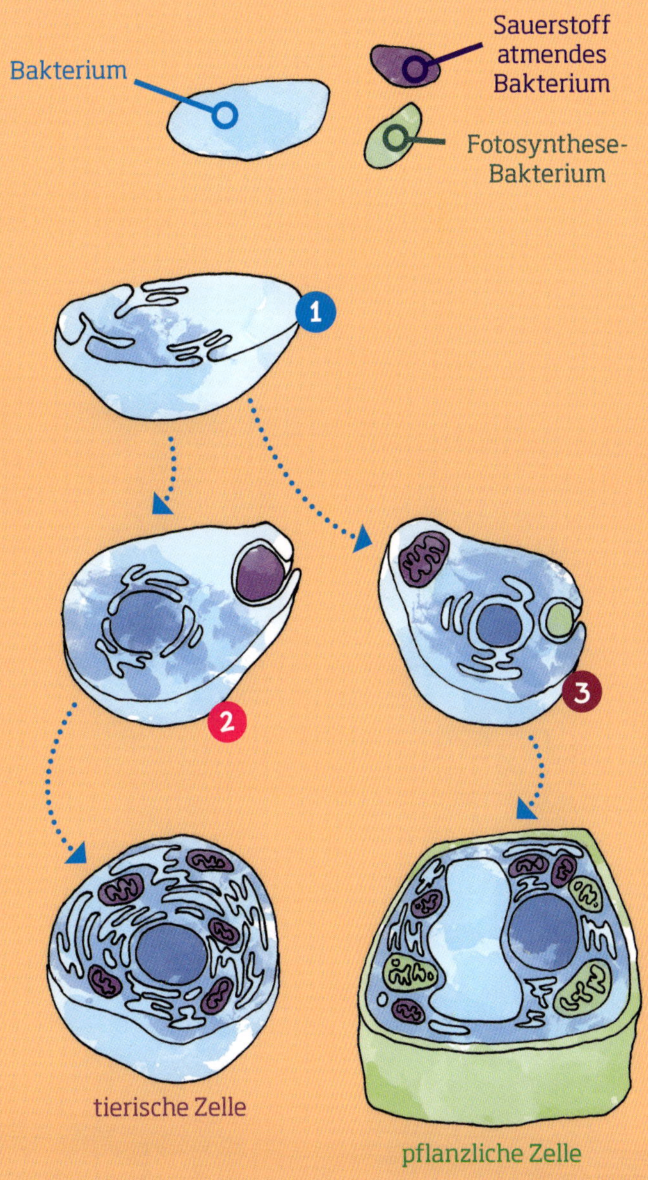

Gemeinsam stark – Vielzeller

Das Leben begann mit prokaryotischen Einzellern. Später entwickelten sich aus einigen von ihnen eukaryotische Einzeller, also Zellen mit Zellkern und Zellorganellen. Dieser Schritt bedeutete eine enorme Zunahme der Vielfalt des Lebens, denn die eukaryotische Zelle war die Basis für eine neue Form des Lebens: die vielzelligen Organismen, also Pilze, Pflanzen und Tiere – einschließlich uns Menschen.

Kolonien und Vielzeller

Der Übergang vom Einzeller zum Vielzeller erfolgte über Zellkolonien, also den Zusammenschluss mehrerer gleichartiger Einzeller. Die ersten dieser Zellgemeinschaften dürften sich vor etwa 1,5 Milliarden Jahren gebildet haben. Das Leben in der Kolonie hatte Vorteile – schon allein wegen der Größe wurden diese Kolonien nun nicht mehr Opfer von einzelligen Räubern. Echte Vielzeller jedoch unterscheiden sich von Kolonien einzelliger Organismen durch einen gemeinsamen Stoffwechsel der Zellen und durch Arbeitsteilung.

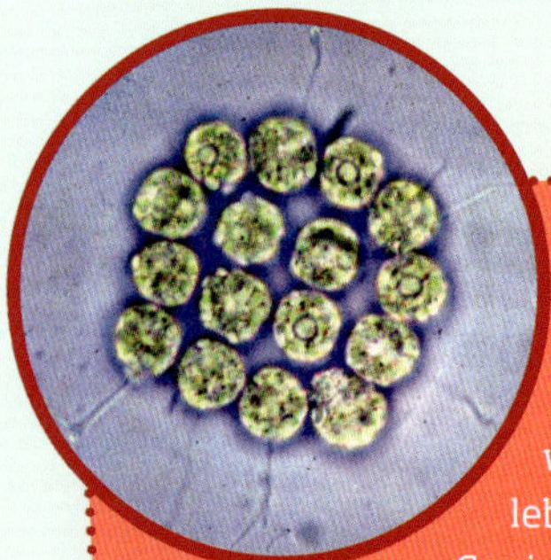

Erste Kolonien

So ähnlich wie die heute lebende Alge Gonium könnten die ersten mehrzelligen Kolonien ausgesehen haben. Die mit Geißeln ausgestatteten Zellen werden durch eine Hülle zusammengehalten. Die Zellen sind auch einzeln lebensfähig und können Tochterkolonien bilden.

Einfache Vielzeller

Die Süßwasseralge Volvox gehört zu den schönsten Organismen, die man im Mikroskop bestaunen kann. Sie besteht aus bis zu 20 000 Zellen, die eine Hohlkugel bilden. Volvox ist ein gutes Beispiel für einen einfachen Vielzeller mit Arbeitsteilung. Sie bewegt sich durch den aufeinander abgestimmten Schlag der Geißeln fort. Zur Erinnerung: Geißeln sind Anhängsel an Zellen, die bei Einzellern der Fortbewegung dienen. Die einzelnen Zellen müssen also zusammenarbeiten. Der Großteil der Zellen ist für die Fortbewegung und Ernährung der Kugelalge zuständig. Daneben existieren einige wenige Zellen, die sich um die Vermehrung kümmern. Sie bilden durch wiederholte Zellteilung Tochterkolonien, die im Innern der Hohlkugel heranwachsen. Am Ende platzt die Mutteralge auf und setzt die Tochterkolonien frei. Die Mutteralge stirbt dabei.

Vielzeller und der Tod

Da beim Vielzeller die Körperzellen ihre Teilungsfähigkeit verloren haben, kann ein vielzelliger Organismus sterben. Nur die theoretisch unsterblichen Geschlechtszellen bringen Generation für Generation neue Individuen hervor.

Stromatolithen
Die ältesten bekannten Fossilien stammen von Bakterien, die Kolonien bildeten: die Stromatolithen. In einigen flachen Meeresbuchten, wie hier in Westaustralien, haben diese altertümlichen Gebilde bis heute überlebt.

Die Größe macht´s

Die einfachste Form einer Kolonie ist ein Mehrzeller, der aus nur wenigen gleichartigen Einzelzellern besteht. Diese können durch unvollständige Zellteilungen entstehen, wenn die Tochterzellen sich nicht voneinander ablösen, sondern aneinander kleben bleiben. Tatsächlich konnte im Laborexperiment gezeigt werden, dass solche Mehrzeller einen entscheidenden Überlebensvorteil haben: Sie sind für so manche Fressfeinde einfach zu groß, um gefressen zu werden.

Echte Vielzeller

Höher entwickelte Vielzeller bestehen aus vielen unterschiedlichen Zelltypen. Zellen mit gleichen Aufgaben bilden dabei ein Gewebe. Mehrere Gewebe wiederum bilden ein Organ wie das Herz. Dieses besteht aus Muskelgewebe, Bindegewebe, Blutgefäßen und Nerven. Im Zusammenspiel dieser Gewebe erfüllt das Herz die Aufgabe, den Blutstrom in Gang zu halten und andere Organe und Gewebe bis hin zur letzten Zelle mit Nährstoffen und Sauerstoff zu versorgen und Abfallprodukte des Stoffwechsels abzutransportieren. Der Organismus von Vielzellern besitzt verschiedene Organe, die auf ganz spezielle Aufgaben ausgerichtet sind.

Aufgabenteilung

In Zellkolonien hat jede Zelle noch alle Funktionen. So kann zum Beispiel jede einzelne Zelle mit ihrer Geißel zur Fortbewegung der Kolonie beitragen. Allerdings setzte im Laufe der Evolution eine Arbeitsteilung der Zellen ein. Einige Zellen verloren die Fähigkeit der Fortbewegung und übernahmen dafür andere Aufgaben. Die einen spezialisierten sich auf Nahrungsaufnahme, andere auf Fortpflanzung. Die Spezialisierung führte zu einem effizienteren Gesamtorganismus. Dabei verzichteten die meisten Zellen darauf, sich durch Zellteilung fortpflanzen zu können. Damit das Zusammenleben klappt, bedarf es natürlich einer Art Absprache unter den Zellen. Doch manchmal ist diese Kommunikation gestört und die Zellen vermehren sich unkontrolliert – so können wuchernde Krebsgeschwüre im Körper entstehen.

Stammzellen

Die Vielfalt der Zelltypen und ihre unterschiedlichen Aufgaben werden durch die Gene bestimmt. Dabei enthält jede Zelle deines Körpers den identischen kompletten Satz an Genen. Je nach Zelltyp sind unterschiedliche Gene aktiv. In einer Leberzelle sind zum Beispiel die Gene für die Produktion von Leberenzymen angeschaltet. In den Muskelzellen hingegen sind alle Gene für den Aufbau von Muskeleiweiß aktiv, andere Gene hingegen ausgeschaltet. Jede Zelle benutzt also nur die für sie erforderlichen Gene.

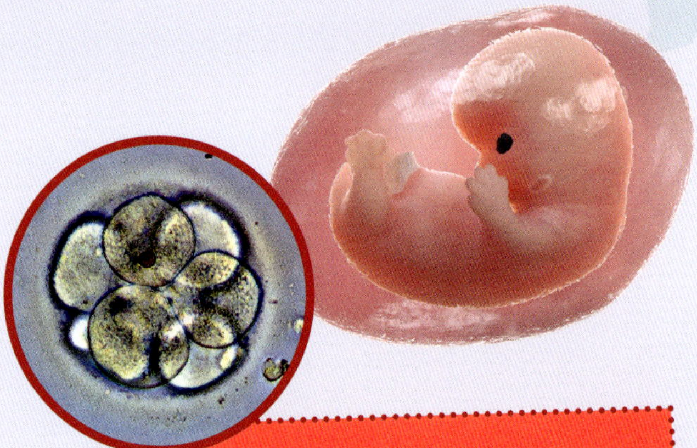

Embryonale Stammzellen
Die Zellen in diesem frühen Stadium der Embryonalentwicklung sind noch nicht spezialisiert. Sie werden sich weiter teilen und zu einem späteren Zeitpunkt zu unterschiedlichen Körperzellen ausformen.

Asymmetrische Zellteilung

Die Vielzelligkeit und die Spezialisierung der Zellen auf bestimmte Aufgaben haben auch eine besondere Art von Zellen hervorgebracht: die Stammzellen. Sie können immer noch alle Genprogramme abrufen – auch jene Gene, die in spezialisierten Zellen für immer ausgeschaltet sind. Stammzellen sind also zu allem fähig. Sie beherrschen außerdem eine besondere Art der Zellteilung: die asymmetrische Zellteilung. Dabei entstehen nicht zwei neue und somit identische Stammzellen, sondern lediglich eine neue Stammzelle und eine sogenannte Vorläuferzelle, die durch weitere Reifung zu einer spezialisierten Körperzelle wird. Durch die asymmetrische Zellteilung bleibt der Vorrat an Stammzellen erhalten und gleichzeitig werden spezialisierte Körperzellen gebildet.

Ein Embryo wächst heran

So entstehen aus Stammzellen über Vorläuferzellen zum Beispiel Muskelzellen, Nervenzellen oder Leberzellen. Das ist wichtig bei der Entwicklung eines Embryos, also eines ungeborenen Lebewesens im Mutterleib. Diese Entwicklung beginnt mit einer befruchteten Eizelle, wächst erst zu einem kleinen Zellhäufchen heran und entwickelt sich schließlich in verschiedene Gewebe und Organe mit den unterschiedlichen Zellen. Mehrere Organe wiederum bilden Organsysteme, wie zum Beispiel das Herz-Kreislauf-System.

Wenn Zellen verschwinden

Doch die Entwicklung des Embryos kommt zu einem Punkt, wo Wachstum durch Zellteilung alleine nicht mehr zum Ziel führt, sondern genau das Gegenteil erforderlich ist. Sechs Wochen nach der ersten Teilung des befruchteten Eis sehen die Hände des menschlichen Embryos noch wie kleine Flossen aus. Doch schon kurze Zeit danach sind kleine Finger zu erkennen. Diese sind noch mit Schwimmhäuten verbunden. Damit daraus eine Hand mit getrennten Fingern wird, müssen die Zellen der Schwimmhäute absterben. Das Gleiche passiert auch bei den Zehen der Füße. Man nennt dieses Absterben den programmierten Zelltod.

Erneuerung und Reparatur

Dein Körper ist das ganze Leben lang im Umbau. Ständig sterben Zellen ab und werden durch neue ersetzt. Was als tote Hautschuppe von dir abfällt, war vorher eine lebendige Stammzelle. Diese teilte sich in eine Stammzelle und eine Vorläuferzelle, die zur Hautoberfläche wanderte und sich in eine Hornzelle umwandelte. Manchmal aber, etwa bei einer Schnittverletzung, werden die Stammzellen außerplanmäßig aktiv und sorgen dafür, dass die Wunde innerhalb weniger Tage mit neuen Hautzellen geschlossen wird.

Lebensdauer

Jede Zelle, die aus einer Stammzelle entstanden ist, hat ihr eigenes Schicksal. Sie wächst, spezialisiert sich und übernimmt schließlich ganz besondere Funktionen. Doch wie alt werden Zellen? Hautzellen sterben meist nach nur zwei Wochen ab. Ersetzt werden sie durch neue Hautzellen, die aus Vorläuferzellen entstanden sind. Schleimhautzellen des Dünndarms müssen bereits nach etwa 30 Stunden durch neue Zellen ersetzt werden. Muskelzellen hingegen haben eine durchschnittliche Lebensdauer von rund 15 Jahren. Und einige Gehirnzellen und Herzmuskelzellen bleiben uns sogar das ganze Leben lang erhalten!

Für Schlauberger

- Embryonale Stammzellen können alle Sorten von Körperzellen hervorbringen. Man nennt sie pluripotente Stammzellen.
- Adulte Stammzellen, also die Stammzellen des erwachsenen Organismus, können nicht alle, aber noch einige verschiedene Zellen hervorbringen. Man nennt sie multipotente Stammzellen.

Adulte Stammzellen finden sich in verschiedenen Teilen des menschlichen Körpers, etwa im Knochenmark des Oberschenkels.

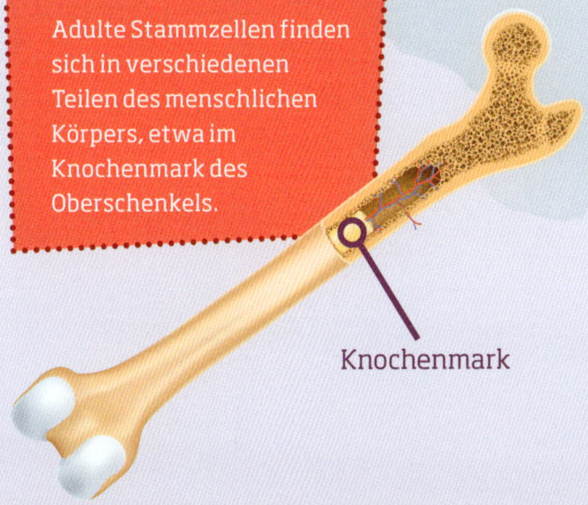

Wie funktionieren Stammzellen?

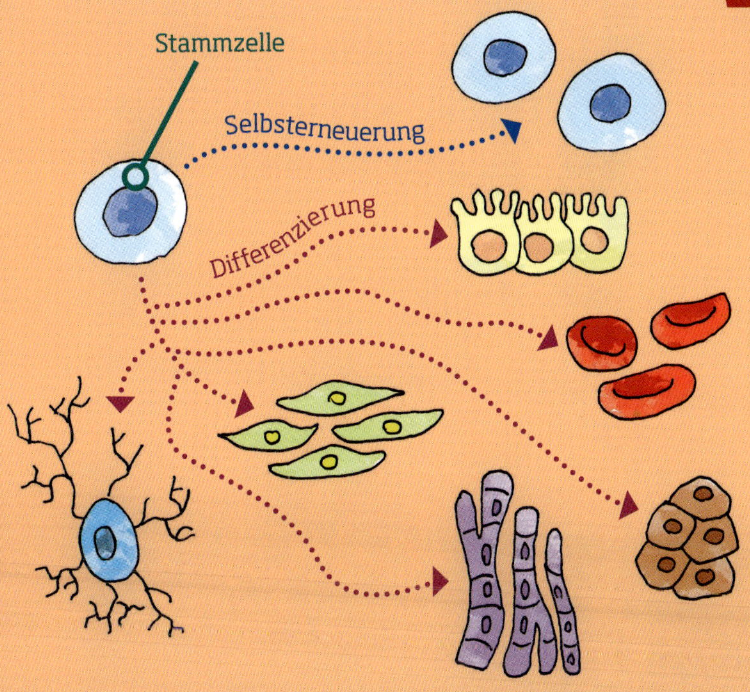

Stammzellen können sich selbst erneuern, indem sie sich in zwei identische Tochterzellen spalten. Aus einer Stammzelle werden zwei Stammzellen. Aber manche Stammzellen können noch mehr. Embryonale Stammzellen können sich so teilen, dass aus ihnen eine Stammzelle und eine Körperzelle wird. Embryonale Stammzellen bringen so all die verschiedenen Körperzellen hervor – man nennt das Zelldifferenzierung.

Zukunft der Zellforschung

Einzeller sind Organismen, die sich leicht vermehren lassen. Da liegt es nahe, sie für uns Menschen arbeiten zu lassen. Schon seit Jahrtausenden tun wir das – anfangs, ohne von der Existenz von Zellen zu wissen. Hefezellen sind bei vielen Prozessen der Nahrungsmittelherstellung beteiligt. Sie lassen Brot fluffig und locker werden oder wandeln Zucker in Bier und Wein um. Bakterien und Pilze lassen aus Milch Joghurt oder Käse werden.

Eingriff in die Gene

Erst als man die Zellen als den Baustein des Lebens entdeckte, konnte man die winzigen Helfer besser nutzen. Zunächst indem man sie züchtete, später indem man in ihr Erbgut eingriff und sie gezielt Stoffe produzieren ließ, darunter auch Medikamente. Inzwischen nimmt man gentechnische Veränderungen auch bei Pflanzen und Tieren vor.

Ersatzteile für den Menschen

Besonders viel verspricht man sich von Stammzellen. Eine Stammzellentherapie könnte genetisch bedingte Krankheiten beim Menschen heilen oder beschädigte Gewebe ersetzen. Die ersten Schritte, um körpereigene Ersatzgewebe zu züchten, wurden bereits gemacht.

Neues Leben schaffen

Eine neue Fachrichtung, die synthetische Biologie, hat sich zum Ziel gesetzt, künstliche Zellen zu erschaffen, die es in der Natur so nicht gibt. Ein ehrgeiziges Vorhaben! Denn selbst die einfachsten Zellen haben ein komplexes Innenleben, dessen Zusammenspiel längst nicht in allen Einzelheiten verstanden ist.

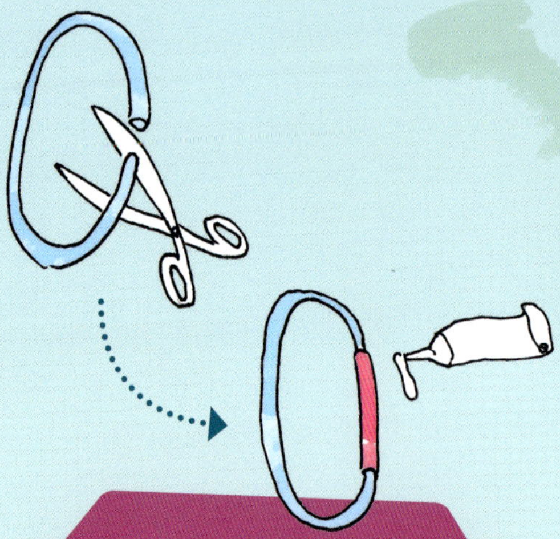

Bastelarbeit

Inzwischen kann man fremde Gene gezielt in Zellen einfügen. Dazu benutzt man Enzyme als eine Art Schere und Kleber. Eingefügt wird das fremde Gen in ein Plasmid eines Bakteriums.

Nützliche Zellen

Die Zellen der Bäckerhefe lassen den Teig aufgehen. Aber man kann sie auch genetisch so verändern, dass sie gezielt menschliche Proteine produzieren.

Leben konstruieren
Inzwischen ist das Verständnis für die chemischen Vorgänge in der Zelle so weit fortgeschritten, dass einige Forscher sich daranmachen, Zellen gezielt herzustellen oder sie ganz nach Wunsch aufzurüsten.

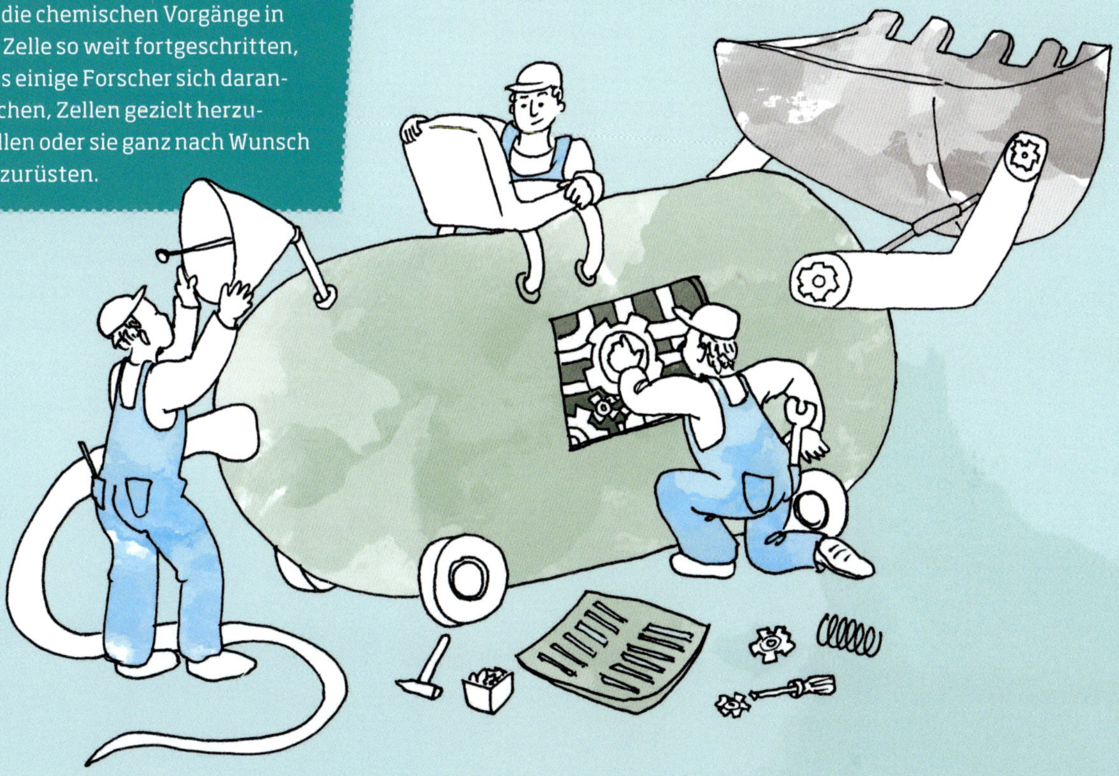

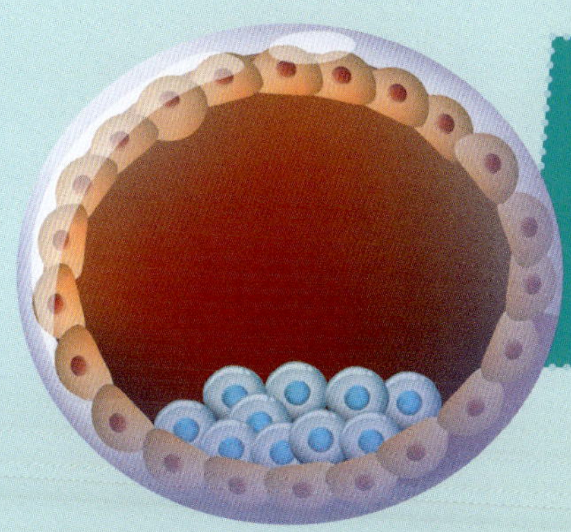

Neue Wege
Die Forschung mit embryonalen menschlichen Stammzellen ist sehr umstritten. Doch zum Glück lassen sich Stammzellen auch anders gewinnen. Wo sie wohl zu finden sind?

Stammzellenforschung

Bei der Befruchtung trifft eine männliche Samenzelle auf eine weibliche Eizelle und verschmilzt mit dieser. Schon bald teilt sich die Zelle immer wieder. Ein kleines Häufchen Zellen entsteht – es handelt sich um Stammzellen, aus denen jeder beliebige Zelltyp des Körpers hervorgehen kann. So entsteht durch weitere Teilungen schließlich ein kompletter Mensch mit allen Geweben und Organen, die letztlich aus mehr als 200 verschiedenen Zellen bestehen. Isoliert man im Labor Stammzellen aus einem Embryo im fortgeschritteneren Entwicklungsstadium, so können daraus zwar nicht mehr alle, aber immerhin noch sehr viele unterschiedliche Zelltypen hergestellt werden. Von diesen sogenannten pluripotenten Stammzellen verspricht man sich vielseitige medizinische Anwendungen. Doch die Forschung an embryonalen menschlichen Stammzellen ist sehr umstritten, da hierfür Zellen aus menschlichen Embryonen benötigt werden und der Embryo dabei zerstört wird. Aus diesem Grund ist in vielen Ländern die Forschung mit embryonalen Stammzellen eingeschränkt oder sogar verboten.

Die Lösung

Doch es gibt einen Ersatz: induzierte, pluripotente Stammzellen, kurz iPS. Hinter diesem Begriff steckt ein Verfahren, bei dem Hautzellen des Menschen in pluripotente Stammzellen zurückverwandelt werden – also in Stammzellen, die die Fähigkeit haben, nahezu jede Körperzelle hervorzubringen. Dazu werden die Körperzellen umprogrammiert und in ein frühes embryonales Entwicklungsstadium versetzt. Seit 2006 ist bekannt, dass dazu nur vier sogenannte Reprogrammierungsfaktoren benötigt werden – das sind Gene für vier Eiweißmoleküle. Diese Moleküle gaukeln der Zelle vor, dass sie sich in einer embryonalen Umgebung befindet. Die Zelle teilt sich wiederholt und wird jedes Mal einer embryonalen Stammzelle ähnlicher. Wenn sie von einer embryonalen Zelle nicht mehr zu unterscheiden ist, kann man sie benutzen, um Körperzellen herzustellen.

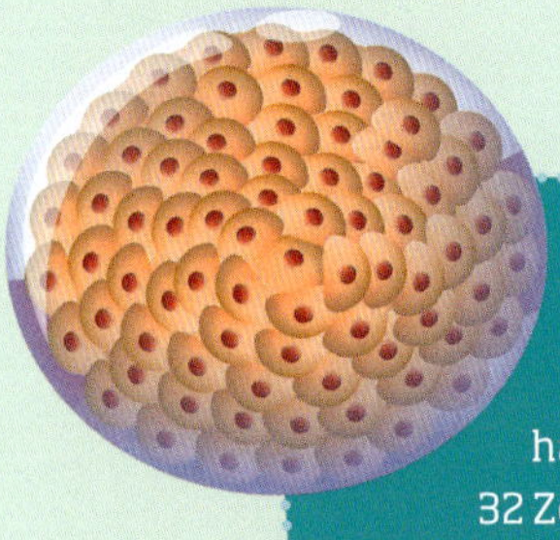

Alleskönner
In diesem Stadium ist der Embryo ein Zellhaufen von nur 16 oder 32 Zellen. Man nennt dieses Stadium Morula. Jede dieser totipotenten Stammzellen kann jeden Teil des Embryos bilden und sich zu jedem Zelltyp entwickeln.

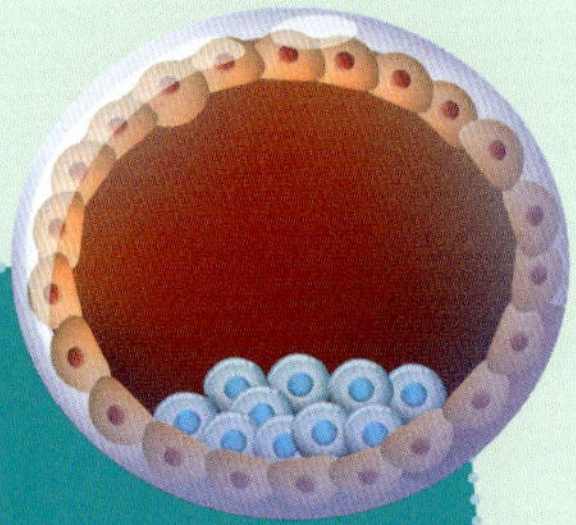

Vielkönner
In der nächsten Phase entwickelt sich der Embryo zu einer Zellhohlkugel. Die äußeren Zellen werden zur Plazenta, die die Verbindung zwischen Embryo und Mutter ist. Nur das innere Zellhäufchen wird sich in die weiteren Gewebe und Organe des Embryos entwickeln. Diese inneren Zellen können zwar immer noch viel, aber nicht mehr ganz so viel wie die der Morula.

Jeder ist sein eigener Spender

Auf diese Weise kann jeder Mensch genau die Zellen bereitstellen, die er als Ersatz benötigt. So kann man mittlerweile viele Gewebe im Labor nachzüchten. Und weil Spender und Empfänger ein und dieselbe Person sind, besteht auch nicht die Gefahr einer Abstoßungsreaktion. Zu Abstoßungen kommt es häufig dann, wenn das Immunsystem des Organempfängers das Organ eines Spenders als fremd erkennt und dagegen ankämpft. Das ist ein sehr großes Problem bei Organverpflanzungen. Natürlich ist noch viel Forschungsarbeit zu leisten, bis Therapien auf Basis von iPS für den Menschen verfügbar sind. Auch ist es noch ein langer Weg, bis ganze Organe hergestellt werden können.

Modelle für die Forschung

Aber die induzierten pluripotenten Stammzellen haben noch eine andere Anwendung: Es lassen sich gezielt kranke Zellen herstellen, um diese im Labor zu untersuchen. Zum Beispiel Gehirnzellen, die zur Parkinson-Krankheit führen, bei der die Patienten unter unkontrolliertem Zittern und Bewegungsstörungen leiden. Bei einem Parkinson-Patienten können dessen Gehirnzellen nicht direkt untersucht werden. Stattdessen können heute schon Forscher iPS-Zellen von Menschen mit der Parkinson-Krankheit gewinnen und diese in erkrankte Nervenzellen wie im Gehirn verwandeln. Ja, das geschieht mit Absicht! Mit solchen Zellen kann man die Krankheit im Labor genauer studieren und daran neue Medikamente testen.

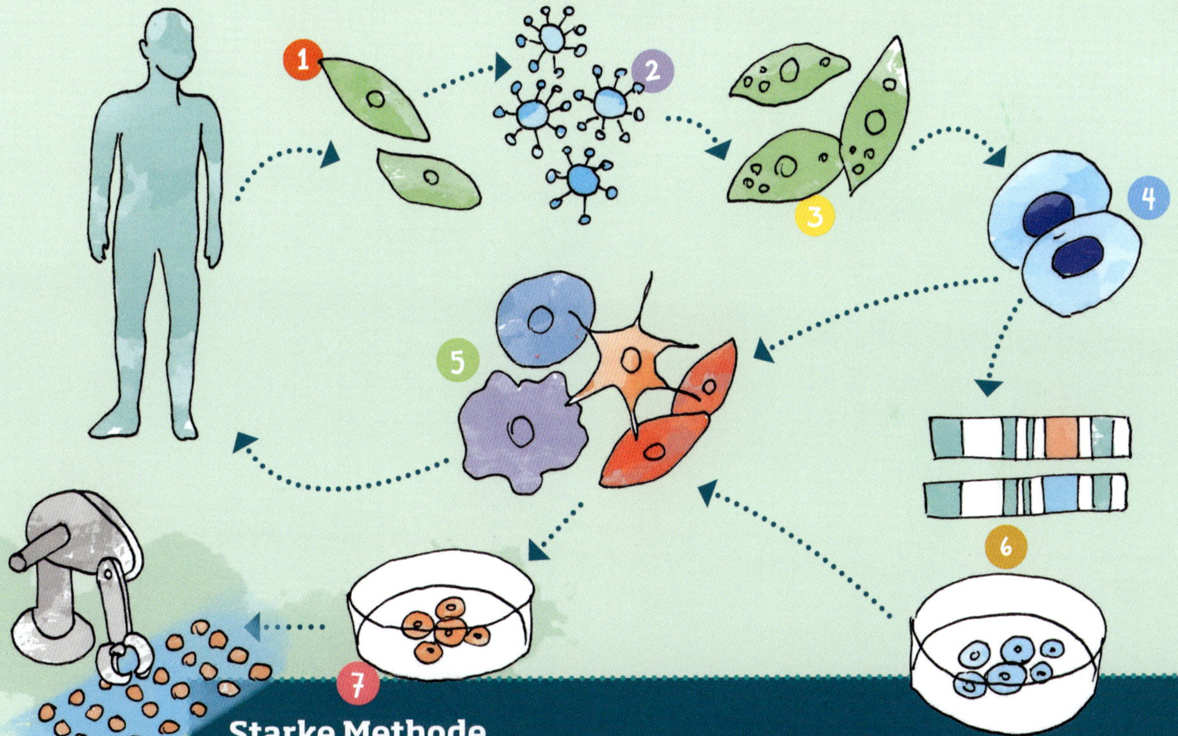

Starke Methode

Induzierte pluripotente Stammzellen, kurz iPS, werden aus menschlichen Hautzellen gewonnen. Dazu wird eine Zellprobe der Haut entnommen (1). Mithilfe eines Virus (2) werden vier Umprogrammierungsfaktoren in die Zelle eingeführt (3). Nun teilt sich die umprogrammierte Zelle wiederholt (4) und wird dabei zu einer Stammzelle, die einer embryonalen Stammzelle sehr ähnlich ist. Aus dieser iPS kann fast jeder gewünschte Zelltyp erzeugt und dem Spender transplantiert werden (5). Um kranke Zellen zu ersetzen, kann zuvor eine Genkorrektur (6) notwendig sein. Auch lassen sich Zellen mit einer bestimmten Erkrankung erzeugen (7), um diese im Labor untersuchen und damit neue Behandlungsmethoden entwickeln zu können.

Gentechnisch veränderte Zellen

Ohne zu wissen, was Zellen sind und dass es sie überhaupt gibt, haben die Menschen sie schon vor Jahrtausenden für sich arbeiten lassen. Wenn Brotteig aufgeht oder bei der Bier- und Weinherstellung Zucker in Alkohol umgewandelt wird, sind Hefezellen beteiligt. Milchsäurebakterien lassen aus Milch Joghurt werden und machen Kraut haltbar. Als man dann verstanden hatte, was Zellen sind und wie sie funktionieren, wollte man sie noch besser nutzen und züchtete zum Beispiel Hochleistungshefe. Und schließlich hat man gezielte gentechnische Eingriffe ins Erbgut der Zellen vorgenommen.

Gentechnik

- Genetic Engineering wird jener Prozess genannt, bei dem die DNA eines Organismus gezielt verändert wird. Man erzeugt so einen GMO, einen genetisch modifizierten Organismus.
- Dabei kann nur ein Basenpaar verändert werden. Es können aber auch ganze Abschnitte der DNA gelöscht oder ein fremdes Gen eingeschleust werden.
- Solche Eingriffe lassen sich bei Einzellern und Vielzellern vornehmen. So kann man etwa Pflanzen herstellen, die uns mehr Nährstoffe liefern.

Insulin

Am Beispiel des Insulins lässt sich das Vorgehen der Gentechnik sehr gut beschreiben. Insulin ist ein Protein, das in unserem Blut den Zuckerspiegel steuert. Normalerweise wird es in der Bauchspeicheldrüse produziert. Manche Menschen müssen aber künstlich hergestelltes Insulin von außen zuführen. Diese Krankheit wird Diabetes oder Zuckerkrankheit genannt. Anfangs verwendete man dafür Insulin, das aus den Bauchspeicheldrüsen von Schweinen oder Rindern hergestellt wurde. Sehr viel einfacher lässt sich Insulin herstellen, indem man in Hefe- oder Bakterienzellen die Bauanleitung für menschliches Insulin einbaut und sie so genetisch verändert.

Gentechnik ist einfach

Zunächst wird aus der Hefezelle ein Plasmid entnommen. Du erinnerst dich: Ein Plasmid ist ein kleines kreisförmiges DNA-Stück, das manche Einzeller untereinander austauschen können.
Dann wird ein kleines Stück des Plasmids mit bestimmten Enzymen herausgeschnitten. Diese Enzyme funktionieren wie eine Art Schere. Anstelle des herausgeschnittenen Stücks wird nun das Gen für das Insulin eingesetzt. Es trägt jetzt die Bauanleitung für das Insulinmolekül. Das genetisch veränderte Plasmid wird nun in eine neue Bakterien- oder Hefezelle eingeschleust. Diese genetisch veränderte Zelle produziert von da an Insulin. Sie wird in einem speziellen Behälter vermehrt und vererbt dabei auch die Fähigkeit, Insulin zu produzieren.

In der gentechnischen Produktion von Medikamenten werden häufig Bäckerhefe und E. coli-Bakterien verwendet.

Insulinproduktion
Das Prinzip ist eigentlich relativ einfach: Es werden die Gene zweier verschiedener Organismen zusammengeführt. Nun produziert die Wirtszelle das Protein eines fremden Organismus. Danach muss das Insulin allerdings teilweise noch gereinigt und chemisch verändert werden.

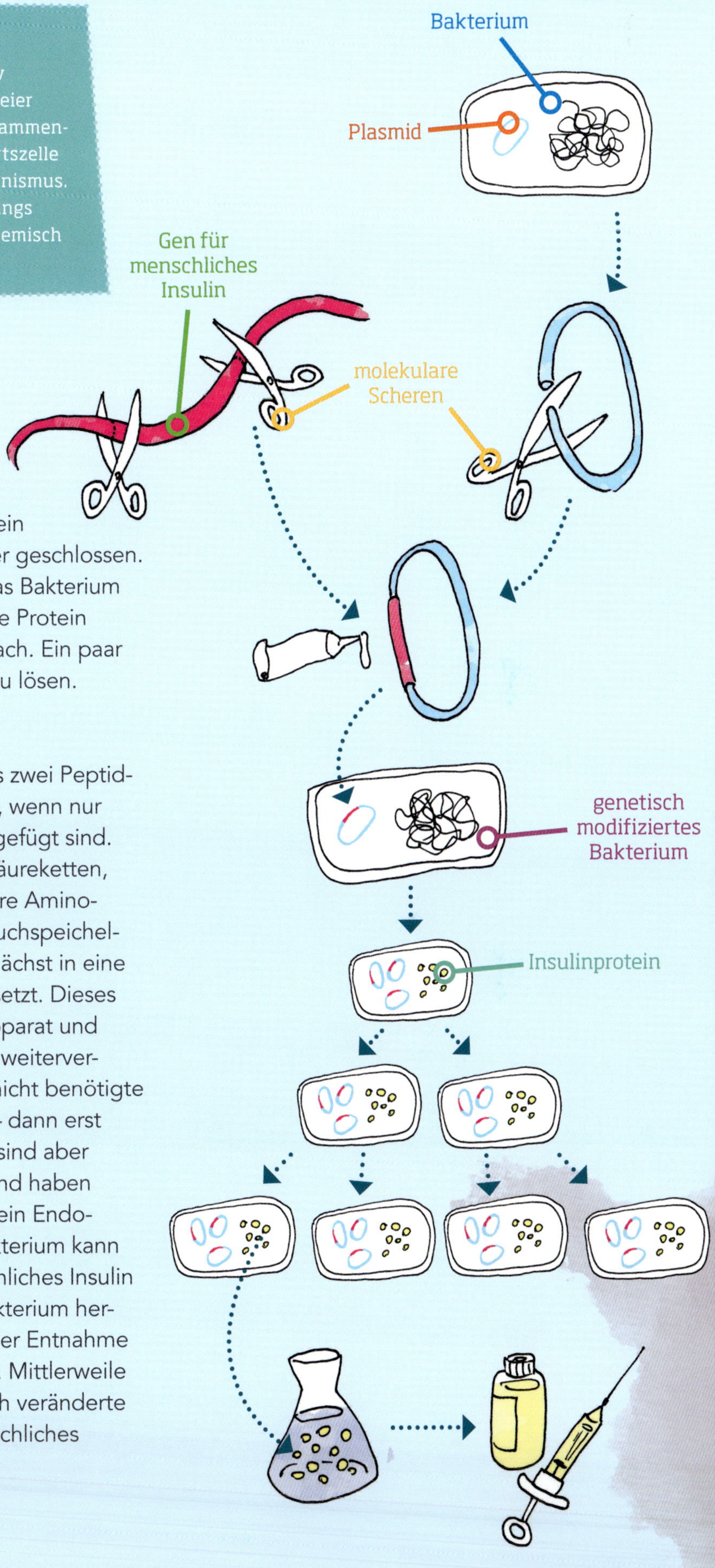

Plasmide sind praktisch

Gentechniker nutzen Plasmide als Transportmittel für Gene. Dazu wird das Plasmid mit Enzymscheren aufgeschnitten, das Gen für das gewünschte Protein eingebaut und das Plasmid wieder geschlossen. Das veränderte Plasmid wird in das Bakterium eingeschleust, das nun das fremde Protein produziert. Das Prinzip klingt einfach. Ein paar Probleme gibt es aber auch hier zu lösen.

Doch nicht so einfach!

Tatsächlich besteht das Insulin aus zwei Peptidketten. Von Peptiden spricht man, wenn nur wenige Aminosäuren aneinandergefügt sind. Peptide sind also kürzere Aminosäureketten, Proteine hingegen sehr viel längere Aminosäureketten. In den Zellen der Bauchspeicheldrüse wird das Gen für Insulin zunächst in eine einzige längere Peptidkette übersetzt. Dieses unfertige Insulin wird im Golgi-Apparat und im Endoplasmatischen Retikulum weiterverarbeitet. Enzyme schneiden nun nicht benötigte Teile aus der Peptidkette heraus – dann erst ist das Insulinmolekül fertig. Nun sind aber Bakterien prokaryotische Zellen und haben keinen Golgi-Apparat und auch kein Endoplasmatisches Retikulum. Das Bakterium kann also kein funktionierendes menschliches Insulin herstellen. Also muss die vom Bakterium hergestellte Aminosäurekette nach der Entnahme noch chemisch verändert werden. Mittlerweile gibt es verschiedene gentechnisch veränderte Organismen und Verfahren, menschliches Insulin herzustellen.

Synthetische Biologie – künstliche Zellen

Wir haben bereits gelernt, dass das Erbgut zweier oder mehrerer natürlicher Organismen zusammengeführt werden kann. So kann man Bakterien oder Hefen dazu bringen, menschliches Insulin zu produzieren. Ein neuer Zweig der Biologie geht noch einen Schritt weiter. Die Forscher der synthetischen Biologie haben begonnen, genetische Bausteine und Verfahren zu erarbeiten, um Zellen mit ganz bestimmten Eigenschaften und Fähigkeiten herzustellen. Die synthetische Biologie ist eine Verknüpfung von Biologie und Technik.

Wo geht´s lang?

Bei der synthetischen Biologie gibt es zwei grundsätzlich verschiedene Vorgehensweisen. Die Bottom-up-Strategie geht den Weg von unten nach oben. Hier sollen ausgehend von den kleinsten Bausteinen größere Systeme, sprich Zellen, zusammengesetzt werden. Doch dieses Ziel liegt noch in weiter Ferne. Erfolgversprechender ist die Top-down-Strategie. Sie geht von vorhandenen Zellen aus und vereinfacht diese schrittweise. Ziel ist es dabei, das Erbgut Schritt für Schritt auszudünnen, um einen Minimalorganismus zu erzeugen, der gerade noch lebensfähig ist. Und was macht man damit? Man kann dieser Zelle gezielt neue Ausstattungen und Extras hinzufügen.

Die ersten Methoden und Werkzeuge für künstlich geschaffene Zellen sind bereits geschaffen. Doch es gibt noch viel zu tun bis zur Zelle nach Wunsch.

Erste künstliche Zelle

Dem amerikanischen Biochemiker Craig Venter und seinem Team gelang es 2010, das Erbgut eines Bakteriums von Grund auf künstlich herzustellen. Im Prinzip haben die Forscher das natürliche Erbgut eines Bakteriums abgeschrieben. Eine andere Bakterienzelle haben sie von ihrem Erbgut befreit und mit dem künstlich hergestellten aufgefüllt. So wurde im Labor die erste lebende Zelle geschaffen, deren Erbgut zu 100 Prozent künstlich, also synthetisch hergestellt wurde. Und diese künstliche Zelle war wie eine echte Zelle imstande, sich durch Zellteilung zu vermehren. Sicher ist dir aufgefallen, dass die Forscher keine neue Zelle von Grund auf neu gebaut haben, sondern lediglich eine Zelle ausgehöhlt haben und ansonsten deren Innenleben benutzten. Auch haben sie die dafür notwendigen Gene von der Natur übernommen. Im Grunde war die synthetische Zelle nur eine veränderte Kopie eines bereits existierenden Organismus, die in einen verwandten Organismus eingepflanzt wurde. Dennoch gab es viele Probleme zu lösen. Und so hatten die Forscher dafür 15 Jahre benötigt und viele Fehlschläge hinnehmen müssen.

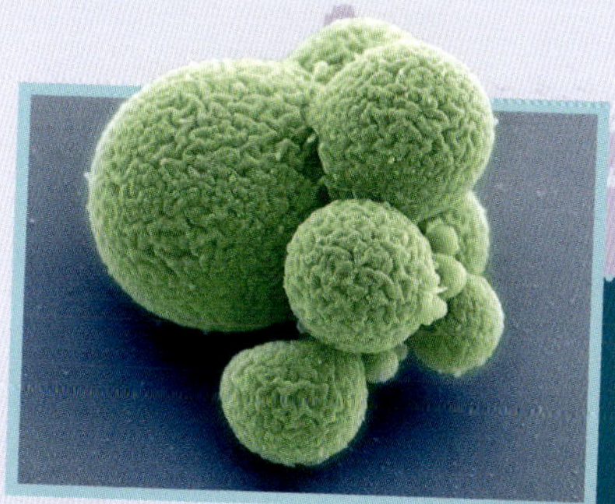

So sieht das erste Minimalbakterium unter dem Rasterelektronenmikroskop aus. Obwohl ihm die Forscher an Craig Venters Institut fast die Hälfte der Gene ausgebaut haben, ist es überlebensfähig.

Minimalzelle

Wieder war es eine Arbeitsgruppe am Institut von Craig Venter, der 2016 das nächste große Experiment gelang: die Erschaffung einer synthetischen Minimalzelle. Das Erbgut der Ausgangszelle hatte 901 Gene. Die Forscher schnitten nun beliebig ein Gen heraus und testeten, ob das Bakterium auch ohne dieses Gen lebensfähig war und sich weiter vermehrte. Letztlich konnten sie das Erbgut auf 473 Gene reduzieren. Diese Minimalzelle ernährte sich, wuchs und pflanzte sich durch Zellteilung fort.

Warum das alles?

Viele Menschen sehen solche Experimente kritisch und fragen sich, ob der Mensch wirklich künstliche Lebewesen in Umlauf bringen darf. Die Forscher, die die künstliche Zelle schufen, sehen Vorteile in künstlich hergestellten Lebensformen. Eines Tages könnten sogar künstliche Zellen Jagd auf Krebszellen im Körper machen. Allerdings muss unbedingt verhindert werden, dass sich künstliches Leben nicht mit natürlichem Leben verbindet. Deshalb versuchen die Forscher, Organismen zu schaffen, die in freier Natur nicht überlebensfähig sind. Ein anderer Weg ist es, die Organismen mit einem neuen genetischen Code auszustatten, der so verschieden vom natürlichen ist, dass sich beide nicht verbinden können. Die synthetische Biologie setzt einen verantwortungsvollen Umgang mit dem Leben voraus und wirft viele Fragen auf. Eine wichtige davon: Was können wir und sollen wir wirklich alles tun, was wir können?

Baukastenzelle

Ob es eines Tages wohl möglich sein wird, maßgeschneiderte Zellen aus vorgefertigten Bausteinen zusammenzusetzen? Wir blicken gespannt in die Zukunft der synthetischen Biologie!

Alles auf einen Blick

Du hast es geschafft und kennst dich nun ziemlich gut mit Zellen aus! Sie sind die Bausteine des Lebens. Doch das Wort »Bausteine« klingt fast zu einfach, denn Zellen sind wie hochkomplexe Maschinen. In ihnen ist immer was los. Hier findest du das Wichtigste noch einmal kurz zusammengefasst.

DNA für alle!

Alle Informationen sind in der DNA gespeichert. Der genetische Code verschlüsselt mit nur vier Basen alle 20 Aminosäuren, aus denen Proteine bestehen. Dieser Code gilt für alle Organismen – von Bakterien bis zum Menschen.

Bausteine des Lebens

Bakterien, Archaeen, Protisten, Pilze, Pflanzen und Tiere – alles Leben ist aus mindestens einer Zelle aufgebaut. Die meisten Zellen sind so klein, dass du ein Mikroskop benötigst, um sie zu sehen.

Membran muss sein!

Ganz wichtig ist die Zellmembran. Sie hält das Innenleben der Zelle zusammen und sorgt für einen kontrollierten Durchlass von Stoffen. Einige müssen in die Zelle hinein, andere hinaus.

Mit und ohne Kern

Du kennst zwei grundlegende Typen von Zellen. Prokaryotischen Zellen haben keinen Zellkern und auch sonst keine Organellen. Eukaryotische Zellen sind mit Zellkern sowie einigen Organellen ausgestattet und deshalb auch größer als prokaryotische Zellen.

Zelle in Zelle

Mitochondrien und Chloroplasten sind vor Milliarden Jahren durch Endosymbiose entstanden. Mitochondrien sind wie Kraftwerke und die Chloroplasten der Pflanzenzellen so etwas wie Solarzellen.

Grün und fest

Bei eukaryotischen Zellen unterscheidet man zwischen pflanzlichen und tierischen Zellen. Klar, es gibt auch noch Pilzzellen. Pflanzenzellen unterscheiden sich von Tierzellen unter anderem durch eine zusätzliche Zellwand und die Chloroplasten.

Proteine

Proteine sind vielfältig. Aus ihnen lassen sich Strukturen aufbauen, aber auch Enzyme, die erst die chemischen Reaktionen in der Zelle ermöglichen. Das Auslesen und Übersetzen der Information in Proteine heißt Proteinbiosynthese.

Mit Genen basteln

Die Gentechnik ermöglicht es, Zellen umzuprogrammieren und so Zellen zu erschaffen, die zum Beispiel Medikamente produzieren.

Urzelle

Alle Lebewesen sind verwandt und stammen von LUCA ab, dem letzten gemeinsamen Vorfahren.

Neue Wege

Embryonale Stammzellen lassen sich verwenden, um Körperzellen herzustellen. Allerdings gibt es dabei große Bedenken. Zum Glück kann man Hautzellen umprogrammieren und so induzierte pluripotente Stammzellen gewinnen, kurz iPS.

Vielzeller

Die Evolution hat den Schritt vom Einzeller zum Vielzeller mit einer Arbeitsteilung der Zellen geschafft. Zellen bilden Gewebe, Gewebe bilden Organe und Organe einen ganzen Organismus. Das ging aber nur mit Eukaryoten.

Zellteilung

Vielzeller beginnen als einzelne Zelle, nämlich als befruchtete Eizelle, und wachsen durch Zellteilung. Durch Zellteilung werden auch abgestorbene Zellen in den Geweben ersetzt, etwa bei Verletzungen der Haut.

Gut gemischt

Die Vielzelligkeit hat mit sich gebracht, dass Individuen sterben müssen. Doch die Information lebt weiter. Durch die geschlechtliche Fortpflanzung wird das Erbgut zweier Individuen vermischt. Durch diesen Trick erhöht sich zum Beispiel unsere Fähigkeit, Krankheitserreger abzuwehren.

Kunstzellen

Das große Ziel der synthetischen Biologie ist es, künstliche Zellen herzustellen. Aber bis dahin ist es noch ein langer Weg. Doch es ist bereits gelungen, eine Minimalzelle zu schaffen, die man gezielt zu maßgeschneiderten Zellen aufbauen kann.

Glossar

Aminosäure: Baustein von Proteinmolekülen. Es gibt 20 natürliche Aminosäuren.

Archaeen: Kleine, einzellige Organismen ohne Zellkern. Sehen den Bakterien äußerlich ähnlich, bilden aber eine eigene Domäne. Zählen zu den Prokaryoten.

Atom: Kleinster, mit chemischen Methoden nicht weiter zerlegbarer Baustein aller Dinge und Lebewesen.

Bakterium: Kleiner, einzelliger Organismus ohne Zellkern. Zählt zu den Prokaryoten.

Chlorophyll: Grüner Blattfarbstoff in Pflanzenzellen, der einen Teil des Sonnenlichts aufnimmt. Wichtig für die Herstellung von Zucker durch Fotosynthese.

Chloroplasten: Organellen in Pflanzenzellen, in denen die Fotosynthese stattfindet.

Chromosom: Erbgutpaket im Zellkern, das DNA enthält. Vor der Zellteilung verdichten sich Chromosomen und sind bei Färbung im Mikroskop sichtbar.

Diffusion: Prozess, bei dem sich Moleküle durch Zufallsbewegung verteilen. Diffusion erfolgt immer vom Ort hoher Konzentration hin zu niedrigeren Konzentrationen.

DNA: Auch DNS. Abkürzung für Desoxyribonukleinsäure. Dieses Erbmolekül ist in allen Zellen vorhanden und enthält die komplette Bauanleitung eines Lebewesens. Die DNA wird bei der Zellteilung durch Verdopplung weitergegeben.

Domäne: Alles Leben lässt sich aufgrund verwandtschaftlicher Verhältnisse in drei Gruppen, die Domänen, einteilen. Es gibt Eukaryoten, Archaeen und Bakterien.

Elektronenmikroskop: Mikroskop, das mithilfe von beschleunigten Elektronen sehr hohe Vergrößerungen ermöglicht.

Endoplasmatisches Retikulum: Kurz ER. Labyrinthartiges Netzwerk von Membranen, das sich durch das Zytoplasma eukaryotischer Zellen erstreckt. Man unterscheidet glattes und raues ER. Das raue ER ist mit Ribosomen besetzt.

Enzym: Proteinmolekül, das bestimmte chemische Reaktionen in der Zelle beschleunigt oder überhaupt erst ermöglicht. Enzyme sind somit biologische Katalysatoren.

Eukaryoten: Organismen, deren Zellen einen Zellkern und andere Organellen haben.

Fotosynthese: Chemischer Vorgang, bei dem Pflanzen aus Wasser und Kohlendioxid mithilfe des grünen Blattfarbstoffs Chlorophyll und des Sonnenlichts Zucker erzeugen. Als Nebenprodukt entsteht Sauerstoff.

Glukose: Traubenzucker. Einfaches Kohlenhydrat, das von Pflanzen bei der Fotosynthese gebildet wird. Dient als Energiequelle bei der Zellatmung.

Golgi-Apparat: Struktur einer eukaryotischen Zelle, in der Proteine und andere Substanzen für den Transport zum Zielort vorbereitet und verpackt werden.

Kohlenhydrat: Molekül, das aus Kohlenstoff, Wasserstoff und Sauerstoff besteht. Zu den Kohlenhydraten zählen Zucker, Stärke und Zellulose.

Lipide: Fettartige Substanzen, aus denen die Zellmembranen und die Membranen im Innern der Zelle bestehen.

Lysosom: Kleine, bläschenartige, membranumhüllte Struktur, die Verdauungsenzyme enthält. Damit werden verbrauchte Zellbestandteile und Nahrungsteilchen abgebaut.

Membran: Hülle der Zellen und der Zellorganellen.

Mikrofilamente: Gerüstartiges Netzwerk dünner Proteinfasern, die an der Zellmembran anhaften und der Zelle Form geben.

Mikrotubuli: Röhren aus Proteinen, die der Form und der Fortbewegung dienen. Bilden auch die Straßen für den Transport innerhalb der Zelle.

Mitochondrien: Strukturen innerhalb einer Zelle, in denen die Zellatmung abläuft. Versorgen die Zelle mit Energie.

Mitose: Teilung eines Zellkerns mit anschließender Teilung der Mutterzelle in zwei identische Tochterzellen.

Molekül: Zusammenschluss von zwei oder mehr Atomen.

mRNA: Messenger-RNA oder auch Boten-RNA. Arbeitskopie eines Gens bei der Proteinbiosynthese. Sie enthält die Anleitung zum Bau des Proteinmoleküls.

Mutation: Zufällige Veränderung im Erbgut durch Kopierfehler.

Nukleinsäure: Klasse von Molekülen, mit denen in der DNA beziehungsweise RNA die Informationen niedergeschrieben werden.

Organelle: Struktur innerhalb von eukaryotischen Zellen mit ganz besonderen Aufgaben. Meist versteht man darunter Gebilde, die von einer Membran umgeben sind. Manchmal werden auch Gebilde ohne Membran, wie Ribosomen, als Organellen bezeichnet.

Organismus: Lebewesen.

Plasmid: Kleines, üblicherweise ein zu einem kreisförmigen Molekül geschlossenes Stück DNA bei Bakterien.

Prokaryoten: Einzellige Organismen ohne Zellkern und weitere Organellen.

Protein: Eiweißmolekül, das aus zahlreichen Aminosäuren besteht. Die genaue Abfolge der Aminosäuren bestimmt Form und Funktion des Proteins. Dienen als Baumaterial und als Beschleuniger von chemischen Reaktionen.

Proteinbiosynthese: Herstellung von Proteinen in einer Zelle aufgrund von Informationen, die in der DNA gespeichert sind.

Ribosom: Aus Proteinen und RNA bestehendes Gebilde der Zelle, wo mRNA in Proteine übersetzt wird.

RNA: Auch RNS. Abkürzung für Ribonukleinsäure, die ähnlich aufgebaut ist wie die DNA. Die RNA ist bei der Produktion von Proteinen in der Zelle beteiligt.

Stammzellen: Zellen eines Vielzellers, die fähig sind, sich in verschiedene Zelltypen auszudifferenzieren, sich also spezialisieren können.

Stoffwechsel: Begriff für alle chemischen Lebensprozesse in einer Zelle oder einem mehrzelligen Organismus.

Synthetische Biologie: Fachgebiet, in dem Biologen, Ingenieure und Informatiker zusammenarbeiten, um biologische Systeme zu erschaffen, die so in der Natur nicht vorkommen.

Transkription: Erster Schritt der Proteinbiosynthese. Die genetische Information aus der DNA wird in Form von mRNA kopiert.

Translation: Zweiter Schritt der Proteinbiosynthese. Die mRNA wird an den Ribosomen in Aminosäuren übersetzt und so ein Proteinmolekül hergestellt.

tRNA: Transfer-RNA. Sie schafft die jeweils geforderte Aminosäure während der Translation heran.

Vakuole: Mit Flüssigkeit gefüllter Raum, der von einer Membran umschlossen ist.

Vesikel: Kleines, von einer Membran umhülltes Bläschen, mit dem zum Beispiel Proteine in der Zelle transportiert werden.

Virus: Winzige Einheit, die nicht lebensfähig ist und zur Vermehrung Zellen nutzt. Viren sind keine Zellen.

Zelle: Kleinste Einheit des Lebens und Grundbaustein aller Organismen.

Zellkern: Große, mit einer Membran umgebene Struktur einer eukaryotischen Zelle, in der sich das Erbgut in Form von DNA befindet.

Zellmembran: Äußere Grenzschicht einer Zelle, die aus einer doppelten Schicht aus Lipidmolekülen besteht. Darin sind Proteine eingelagert. Die Zellmembran trennt die Zelle von der Umwelt ab und regelt den Transport von Stoffen in die Zelle hinein und aus ihr heraus.

Zellulose: Komplexe Kohlenhydrate, die aus vielen Zuckermolekülen bestehen. Zellulose bildet die starre Zellwand pflanzlicher Zellen.

Zytoplasma: Alle Teile einer Zelle, die sich zwischen Zellkern und Zellmembran befinden.

Zytoskelett: Netzwerk aus Mikrotubuli und anderen Komponenten. Gibt der Zelle Form.

Zytosol: Gelartige Flüssigkeit, die alle Organellen in eukaryotischen Zellen umgibt. Teil des Zytoplasmas.

Archiv Tessloff: 1m, 2mr, 2ur, 3mr, 4mr, 5o, 8or, 9ul, 11ml, 11ul, 14ul, 14ur, 17or, 18m, 19or, 20u, 22ul, 22ur, 24or, 25u, 26or, 26-27, 27l, 27mr, 28l, 31r, 32ul, 32ur, 33ol, 33or, 34r, 36ul, 37u, 38ur, 39ol, 40or, 41ul, 42ur, 43mr, 44ul, 45ml, 47r, 49ul, 51ul, 52or, 52-53 (Icons), 53m, 55m, 57r, 58u, 60-61 (Icons);
flickr: 30ul (CC BY 2.0/Rosenfeld Media/ A. Barrington Brown © Gonville & Caius College/Science Photo Library);
mauritius images: 26mr (Martin Shields/Alamy), 29ol (Martin Shields/Alamy); picture alliance: 9om (F. Fox/blickwinkel), 10um (91020/united archives), 11ur (akg-images), 12ur (Jan Woitas/ZB), 13r (Pantoffeltierchen Lichtmikroskop: F. Fox/blickwinkel), 13r (E. coli Bakterien TEM: SERCOMI/BSIP), 13r (E. coli Bakterien REM: HOWARD/PHANIE), 21mr (Carl-W. Röhrig/OKAPIA), 29ur (fotototo/blickwinkel); ResearchGate: 45om (CC BY 3.0/Boston University (BU) Photography);
Science Photo Library: 5mr (E. coli Bakterien: Lichtmikroskop: Michael Abbey), 13r (E. coli Bakterien: Lichtmikroskop: Michael Abbey), 13r (Pantoffeltierchen TEM: Keith R. Porter), 13r (Pantoffeltierchen REM: Steve Gschmeissner), 59om (Thomas Deerinck/NCMIR);
Shutterstock: 2or (Bryan Faust), 5ul (James Howard-Davies), 6 (Botanik: Cavan-Images), 6 (Zoologie: Manuel Findeis), 6 (Molekularbiologie: Steven_Mol), 6 (Verhaltensbiologie: Victor Lapaev), 7 (Ökologie: Andy Lidstone), 7 (Genetik: vchal), 7 (Evolutionsbiologie: Dotted Yeti), 7 (Humanbiologie: DNF Style), 7 (Mikrobiologie: angellodeco), 7 (Zellbiologie: Dimarion), 9or (Bryan Faust), 15ol (Kateryna Kon), 15mm (ShadeDesign), 15or (ShadeDesign), 15ul (Alex Oakenman), 15mr (jivacore), 16u (HAFIZULLAHYATIM), 17ul (James Howard-Davies), 18or (SciePro), 19u (Lillac), 21or (SciePro), 21or (Kateryna Kon), 22mr (Eric Buermeyer), 23or (Lillac), 24ul (Choksawatdikorn), 35u (VectorMine), 41ol (Getman), 41mr (SciePro), 46om (Getman), 49or (Benny Marty), 50or (SciePro), 51mr (eranicle), 52mr (Tobias Arhelger), 53ul (Designua), 54ul (Designua), 56ul (Kateryna Kon), 56ur (Tobias Arhelger), 59ul (HomeStudio);
Wikipedia: 3or (CC BY-SA 3.0/GFDL/Kristian Peters -- Fabelfroh), 7 (Entwicklungsbiologie: CC BY 2.0/Geoff Gallice from Gainesville, FL, USA), 10mr (PD/http://www.rijksmuseum.nl/collectie/SK-A-957), 10mm (CC BY-SA 4.0/Huydang2910), 30ur (CC BY-SA 4.0/MRC Laboratory of Molecular Biology), 42ul (PD/Oceanic and Atmospheric Administration (NOAA)), 46mr (CC BY-SA 3.0/GFDL/Kristian Peters -- Fabelfroh), 48ul (PD/Environmental Protection Agency - http://www.epa.gov/glnpo/image/viz_nat6.html), 48ur (CC BY-SA 3.0 de/Frank Fox - http://www.mikro-foto.de), 50mm (CC BY-SA 4.0/Nina Sesina)

Umschlagfotos: Archiv Tessloff: U1m, U1ur

© 2021 TESSLOFF VERLAG
Burgschmietstraße 2–4
90419 Nürnberg
qualitaet@tessloff.com
www.tessloff.com

Autor: Dr. Manfred Baur
Illustration: Annelie Weißmann
Grafik: Annelie Weißmann
Lektorat: Lorena Lehnert
Bildredaktion: Susanne Wiechert
Druck: Dimograf

ISBN 978-3-7886-7696-4

MIX
Papier | Fördert gute Waldnutzung
FSC® C018236